Nina Rauprich
Die sanften Riesen der Meere

Nina Rauprich, 1938 in Bielefeld geboren, ließ sich am Max-Reinhardt-Seminar in Berlin zur Schauspielerin ausbilden und arbeitete längere Zeit beim Fernsehen und an verschiedenen Theaterbühnen. Heute lebt sie als freie Schriftstellerin in der Eifel. Ihre Kinder- und Jugendromane wurden in viele Sprachen übersetzt und mehrfach ausgezeichnet.
Weitere Titel von Nina Rauprich bei dtv junior: siehe Seite 4

Nina Rauprich

Die sanften Riesen der Meere

Mit Illustrationen von Irmtraut Teltau

Deutscher Taschenbuch Verlag

Mit einem Vorwort von Petra Deimer, Gesellschaft zum Schutz
der Meeressäugetiere

Zu diesem Band gibt es ein Unterrichtsmodell
unter www.dtv.de/lehrer
zum kostenlosen Download.

Von Nina Rauprich ist außerdem bei dtv junior lieferbar:
Lasst den Uhu leben!

Das gesamte lieferbare Programm von dtv junior
und viele andere Informationen finden sich unter
www.dtvjunior.de

Ungekürzte Ausgabe
23. Auflage 2011
© für den Text: 2003 Nina Rauprich
© für die Innenillustrationen: 2003 Irmtraut Teltau
© 2003 Deutscher Taschenbuch Verlag GmbH & Co. KG, München
Umschlagkonzept: Balk & Brumshagen
Umschlagbild: Milada Krautmann
Gesetzt aus der Times 11/12
Gesamtherstellung: Kösel, Krugzell
Printed in Germany · ISBN 978-3-423-70217-1

Inhalt

Vorwort   9

1. Kapitel   11
*Großvater hat ein Wetterbein. Mutter leidet an Ahnungen
und Manuel paddelt aufs Meer hinaus*

2. Kapitel   25
*Manuel wird ein Held. Luis-Alberto erzählt von alten Zei-
ten und Großvater will sich nicht mehr erinnern*

3. Kapitel   37
*Wale kommen. Mutter packt einen Fresskorb und Manuel
lernt eine Fremde kennen*

4. Kapitel   45
*Kauderwelsch an Bord der Vedetta. Manuel hat Bauchweh
und die Fremde einen seltsamen Beruf*

5. Kapitel   55
*Unruhe kommt über die Walfänger. Manuel will allein sein
und findet neue Freunde*

6. Kapitel   64
*Luis-Alberto kennt ein Geheimnis. Manuel macht klar
Schiff und die Fremde kommt auch mit*

7. Kapitel 73
Das Meer kocht. Manuel sieht einen Wal mit Pickeln im Gesicht und Luis-Alberto hört die Geister singen

8. Kapitel 87
Ein Brief sorgt für Aufregung. Manuel bleibt bei Luis-Alberto und auf ein paar Zentimeter kommt es nicht an

9. Kapitel 95
Delphin-Alarm auf der Nachbarinsel. Ein Beamter kommt und Manuel erfindet den Vaterfeierdonnerstag

10. Kapitel 109
Luis-Alberto wird auf Händen getragen. Vater verliert seine Mütze und braucht sie nicht mehr

Vorwort

Wale sind wundersame Wesen voller Geheimnisse. Von den kleinen Delphinen bis zu den großen Blauwalen geben sie uns Menschen noch heute unzählige Rätsel auf.

Auf der Suche nach dem »Flüssigen Gold«, dem Waltran, wurden diese intelligenten Geschöpfe fast ausgerottet.

Heute gibt es Bemühungen die letzten sanften Riesen vor den Harpunen zu retten. Ein Beispiel dafür ist das Schutzgebiet um Madeira, von dem dieses Buch handelt.

Aber es muss noch viel getan werden, zum Schutz der Wale, zum Schutz der Natur, ohne die auch wir nicht überleben können.

Gesellschaft zum Schutz
der Meeressäugetiere

1. Kapitel

Großvater hat ein Wetterbein. Mutter leidet an Ahnungen
und Manuel paddelt aufs Meer hinaus

Manuel hat Geburtstag. Er ist zwölf geworden.

»Alt genug um unsere Kühe zu hüten und in den Bananen zu helfen«, sagt Großvater, »auch wenn du so ein Winzling bist.«

»Ich gehe noch zur Schule«, protestiert Manuel. Er bekommt einen roten Kopf, weil Großvater Winzling gesagt hat. Manuel kann das Wort nicht leiden.

»Das bisschen Schule? Außerdem gibt es Ferien. Da kannst du Kühe hüten und dich in den Bananen nützlich machen.« Großvater hält nichts von Bummelei.

Dabei ist Manuel schon oft mit den zwei Kühen seiner Familie an den Berghängen gewesen, dort, wo das Gras nichts kostet. Er hat mit einem Erntemesser welke Blätter von Bananenstauden abgeschlagen, genauso flink wie der lange Carlos, Großvater soll bloß still sein! Ein Winzling ist Manuel jedenfalls nicht.

Vater macht nie viele Worte. Er legt ihm den Arm um die Schultern. »Zwölf schon! Noch ein paar Jahre, dann gehst du mit auf Walfang.«

Manuel hat noch nie darüber nachgedacht, ob er Walfänger werden will. Sein Vater ist Walfänger, sogar Harpunier. Die werden am besten bezahlt. Sein Bruder Carlos fährt auch seit zwei Jahren mit aufs Meer hinaus, wenn die Riesen blasen. Schon Großvater war dabei – bis das Unglück geschah.

Manuel wohnt auf der portugiesischen Insel Madeira. Jedes Jahr kommen Menschen aus aller Welt um dort ihre Ferien zu verbringen. Denn Madeira ist eine Frühlingsinsel.

Das behaupten die Leute jedenfalls, weil dort immer Blumen blühen. Auch Lorbeerwälder, Eukalyptusbäume und Palmen gedeihen in den Tälern, außerdem noch allerhand Buntes und Stacheliges, was Manuel nicht mit Namen kennt. Die Bauern pflanzen Bananen, Zitronen, Apfelsinen an und manchmal auch rote Orchideen.

Die Feriengäste fotografieren alles; Kühe, Blumen, Palmen und in Caniçal die toten Wale, wenn sie vor der Trankocherei liegen. Das Dorf, in dem Manuel zu Hause ist, heißt Caniçal. Schroffe Berge umschließen es wie ein Hufeisen. Und dort, wo das Hufeisen offen ist, glitzert die See.

Vor langer Zeit, als Großvater noch jung war, kamen ein paar Männer von den Azoren-Inseln übers Meer und ließen sich in Caniçal nieder. Die kannten sich in der Welt aus, waren im Nordmeer und am Südpol gewesen und hatten mit dem Leviathan gekämpft, auf Leben und Tod. Es waren Walfänger.

Der Leviathan soll ein Meeresungeheuer in uralter Zeit gewesen sein, grausam und stark. Großvater meint allerdings nur den Pottwal damit. In Holzbooten fuhren die Männer aufs Meer hinaus und jagten mit Handharpunen und Lanzen. Bald schlossen sich einige Fischer und Bauern an. Großvater war einer der Ersten. Gemeinsam bauten sie eine Walfangstation auf den Klippen, reparierten ihre Boote selbst, schmiedeten Flensmesser, Lanzen, Harpunen und jagten die Wale. So fing es mit dem Walfang an in Caniçal und so ist es bis heute geblieben.

Die Feriengäste dagegen sind neu. Sie kommen erst seit einigen Jahren, seit der Tunnel in den Berg gegraben wurde. Durch den Tunnel führt jetzt eine Straße in das abgelegene Dorf. Früher musste man über die Berge wandern oder mit dem Schiff von See her kommen.

Manuel kann nicht verstehen, warum die Fremden die grauen Speckberge fotografieren. Ein toter Wal ist nur noch eine schmierige blutige Masse. Und stinkt!

Nichts auf der Welt stinkt so bestialisch wie ein toter Wal, der in der Sonne liegt. Die Fremden pressen sich Taschentücher vor die Nase, gießen Parfüm auf ihre Kleider, manche werden rot, andere grün im Gesicht. Sie husten und würgen. Mit ihren Kameras stürmen sie bis auf wenige Meter heran, lassen ihre Apparate klicken und surren, dann rennen sie zurück, als könnte der Wal noch einmal aus seiner Totenstarre erwachen und sie mit seinem riesigen Maul verschlingen. Aber er stinkt nur.

Manuels Vater, Carlos und die andern Walfänger aus Caniçal schneiden Speckstreifen aus dem erbeuteten Koloss. Flensen nennen sie das. Sie flensen den Wal und schieben die Speckstreifen in riesige Pötte, in denen der Tran aus dem Fleisch herausgekocht wird. Denn der Waltran bringt viel Geld ein. Die Männer flensen vom frühen Morgen bis zur Dunkelheit. Was sich nicht in Öl auflöst, wird zu Dünger und Viehfutter verarbeitet. Zwei Tage lang, dann ist alles verwertet, Speck, Fleisch, Haut und Knochen. Langsam verzieht sich der Gestank. In Caniçal riecht es wieder nach gekochtem Essen, nach Blumen oder Kuhfladen. Bis die Männer erneut aufs Meer hinausfahren und mit fetter Beute zurückkommen.

Heute, an Manuels Geburtstag, ist es ruhig im Dorf. Kein Wal, keine Touristen. Die Märzsonne scheint schon seit Tagen ungewöhnlich heiß. An den Fenstern brummen

Fliegen. Wie verrückt klatschen sie gegen die Scheiben. Großvater versucht sie mit einem Handtuch nach draußen zu scheuchen.

»Der Wind wird umschlagen«, sagt er. »Ich sehe es an den Fliegen und ich fühle es in meinem Bein.«

Großvater hat ein Wetterbein. Ob es regnet oder ein Gewitter in der Luft liegt, ob die See vom Sturm aufgewühlt wird – Großvaters Bein weiß alles im Voraus. Das kommt daher, weil es verkrüppelt ist seit dem Kampf mit dem Leviathan.

Zur Feier des Tages gibt es Thunfischauflauf und als Nachtisch Limoneneis mit Mandeln. Das hat Manuel sich gewünscht. Mutter, Vater, Carlos und Großvater langen tüchtig zu. Eiskönig aber wird Manuel.

Nach diesem guten Essen sind alle etwas träge. Die Hitze drückt aufs Gemüt und der Thunfisch auf den Bauch. Großvater ist im Sessel zusammengesunken und schnarcht. Mutter räumt die Küche auf. Vater und Carlos sind in den Schuppen gegangen, der sich an die Rückseite des Hauses anlehnt. Ein helles metallisches Hämmern dringt durch die offene Tür. Manuel kennt dieses Geräusch. Vater und Carlos klopfen ihre Harpune und Lanze, bis sie wieder glatt und scharf sind. Denn beim Kampf mit dem Wal verbiegt sich oft das Eisen oder wird stumpf. Vor jedem neuen Fang muss das Werkzeug wieder in Ordnung gebracht und in die Fangboote zurückgetragen werden.

Manuel geht in die Kammer, die er mit Carlos teilt. Er holt unter seinem Bett ein zusammengerolltes Schlauchboot und ein abgebrochenes Paddel hervor. Dann kramt er in seiner Schultasche nach dem Comicheft, das er sich heute ausgeliehen hat. Vom Türhaken nimmt er eine gelbe Schirmmütze. Boot und Mütze sind Touristenmüll, vergessen oder weggeworfen. Jetzt gehören sie Manuel.

Mit Schirmmütze, Comicheft und Schlauchboot will er aufs Meer hinaus. Aber das darf Mutter nicht merken. Sie würde sofort in Geschrei ausbrechen: »Manuel, nein! Du gehst nicht mit dieser Nuss-Schale aufs Wasser! Das ist viel zu gefährlich. Wenn du schwimmen willst, bitte. Aber im Hafen wie die andern Kinder auch. Dieses Spielzeug kommt mir nicht aus dem Haus. Ich habe so eine komische Ahnung.«

Manuel kennt das auswendig. Trotzdem wagt er sich öfter heimlich aufs Meer. Was soll dabei denn passieren?

»Manuel!«

Da geht es schon los. Mutter ruft aus der Küche. Bestimmt leidet sie wieder an ihren Ahnungen. Er springt aus dem Fenster und läuft gebückt um den Schuppen.

»Manuel, wo steckst du?«

Die Zäune in Caniçal werden aus dünnen Weidenzweigen geflochten. Mit den Händen drückt er das Gestrüpp auseinander und schlängelt sich hindurch. Dann rennt er, bis sie ihn vom Haus aus nicht mehr sehen können. An seinem Geburtstag muss man doch machen dürfen, was man will!

Am Hafen leiht Manuel sich einen Blasebalg und pumpt das Boot auf. Dann lässt er es zwischen zwei Fischkuttern zu Wasser. Mit dem kurzen Paddel holt er kräftig aus.

In Caniçal gibt es keinen Sandstrand. Die Küste ist felsig und fällt steil ins Meer ab. Das Wasser ist sehr tief. Manuel versteht seine Mutter wirklich nicht, schwimmen darf er, auf den Wellen schaukeln darf er nicht. Nur wegen der Ahnung.

Wenn Vater und Carlos auf Walfang sind, hat sie auch Ahnungen, aber andere. Dann sagt sie vergnügt: »Ich habe so eine Ahnung, dass die heute einen guten Fang machen. Da kommt wieder Geld ins Haus.«

Manuel kann sich darüber nur wundern, denn die Walfänger fahren viel weiter aufs Meer hinaus, als er mit seinem Bötchen je kommen würde. Und wenn dann so ein Ungetüm von Pottwal auftaucht und mit seiner Schwanzflosse, dieser kräftigen Fluke, schlägt, kippt schnell ein Boot um. Großvater kann das bestätigen und nicht nur er.

Vater behauptet, dass der größte Wal, nämlich der Blauwal, länger als dreißig Meter werden kann und so viel wiegt wie hundertfünfzig Ochsen. Manuel kann sich das gar nicht vorstellen. Ein einziger Blauwal soll schwerer sein als alle Rindviecher aus Caniçal zusammen?

Vielleicht war das ein Blauwal, der Luis-Alberto den Arm abgerissen hat. Luis-Alberto ist der älteste Walfänger in Caniçal. Er war auch in der Antarktis, nicht weit vom Südpol, und um Kap Hoorn ist er mehrmals gefahren. Dort toben immer die schlimmsten Stürme und jeder Seemann kann nur hoffen, dass er heil um dieses Kap herumkommt. Luis-Alberto hat in allen Weltmeeren Wale erlegt, bis das mit seinem Arm geschah. Großvater hat ein Wetterbein. Aber wenn Carlos und Vater weit draußen auf dem Meer sind, hat Mutter fröhliche Geldahnungen. Wenn Manuel vor den Klippen paddelt, regt sie sich auf.

Heute hat sie ihn nicht erwischt. Manuel freut sich. Herrlich ist es hier draußen! Von unten das Meer und von oben die Sonne. Bei solchem Wetter muss es Spaß machen Fische zu fangen oder Wale zu jagen. Wahrscheinlich wird er auch Walfänger. Was kann man sonst in Caniçal werden?

Als die Geräusche vom Hafen nicht mehr zu hören sind, zieht Manuel das Comicheft hervor und beginnt darin zu lesen. Er muss die Augen zukneifen, so hell ist es. Dabei scheint die Sonne gar nicht mehr richtig. Man kann nicht lesen. Manuel legt Kopf und Arme auf den wulstigen Rand des Bötchens. Die Wellen glucksen leise und Träumen ist auch schön.

Irgandwann schwappt ihm Wasser ins Gesicht. Pfui Teufel, ist das kalt! Und warum hüpft das Schlauchboot so? Manuel blinzelt zum Himmel. Wolken sind aufgezogen. Der Wind bläst stärker und die See ist unruhig geworden. Diese Schaukelei ist zwar ganz lustig, aber ein bisschen unheimlich ist sie auch.

Manuel versucht das Schlauchboot in die entgegengesetzte Richtung zu steuern, zurück zum Hafen. Er strengt sich mächtig an. Das Bötchen schlingert und dreht sich immer wieder zurück. Die Wellen sind kurz und kabbelig. Sie haben Schaumkronen und spritzen. Manuel ist schon ganz nass. Und kalt ist es mit einem Mal. Er zwingt sich, nicht zur Küste zu schauen, sondern nur starr auf die Wellen vor sich, denn er weiß auch so, dass der Wind ihn weit hinausgetragen hat.

Der Himmel sieht nach Regen aus, nach Sturm. Großvaters Wetterbein! Manuel paddelt schneller. Er hat das Bötchen noch immer nicht im Griff. Die Wellen lassen es nicht zu. Manuel hat alle Mühe nicht zu kentern. Klar, er ist ein guter Schwimmer und tauchen kann er länger als die meisten Jungen in Caniçal. Aber was nützt das schon? Wenn er jetzt ins Wasser fällt, reißt der Wind das Schlauchboot weg und er muss wie ein Weltmeister hinterherkraulen, bis er es wieder zu fassen kriegt. Und nun blickt er doch zur Insel zurück – und erschrickt. So weit?

Manuel spreizt die Beine. Er versucht auch mit den Füßen zu steuern. Endlich! Die Richtung stimmt. Jetzt aber los! Doch da knallt ihm eine Welle ins Gesicht, so ein richtiger Brecher. Das Bötchen dreht ab und treibt weiter von der Küste weg.

Manuel kämpft. Er gibt nicht so leicht auf. Neulich erst

hat der dicke Chico aus seiner Klasse ihn in den Schwitzkasten genommen. Da hat Manuel so lange gestrampelt und geboxt, bis der loslassen musste. Und jetzt strampelt er gegen den Wind und die aufgewühlte See. Doch immer, wenn er das Boot ein paar Meter näher zur Insel gesteuert hat, schiebt ihn die nächste Welle wieder zurück.

Dabei ist das noch gar kein Sturm. Wenn der erst loslegt – Manuel würgt die Angst hinunter. Vielleicht bricht gleich die Sonne noch einmal durch die Wolken. Das gibt es doch, dass Flaute einsetzt. Die Ruhe vor dem Sturm nennen die Fischer das. Und die kennen sich nun wirklich auf dem Meer aus.

Es gibt keine Ruhe, keine Flaute. Der Wind jault Manuel um die Ohren. Das Schlauchboot hüpft wie ein Ball. Das kann man nicht mehr lenken.

Manuel muss sich etwas anderes einfallen lassen. Auch wenn Großvater ihn einen Winzling nennt, unterkriegen lässt er sich nicht.

Großvater mit seinem Wetterbein und Mutter mit ihren Ahnungen! Manuel spuckt Salzwasser aus. Er reckt den Kopf so hoch, wie das nur möglich ist. Wo sind bloß die Thunfischkutter? Die Männer lassen sich bestimmt nicht vertreiben, nur weil der Wind aufdreht. Doch so weit Manuel schauen kann, kein Schiff, und immer ferner die Küste.

Verzweifelt lässt er den Kopf sinken. Soll er versuchen zu schwimmen? Aber gegen die Wellen ankraulen ist noch anstrengender als paddeln und man schluckt viel Wasser dabei. In dem Bötchen kann er sich ausruhen, ein bisschen wenigstens. Außerdem – Manuel kommt ein entsetzlicher Gedanke – bei Sturm nähern sich Haie der Küste. Es gibt Hammerhaie vor Madeira. Manchmal reißen sie Stücke

aus einem erbeuteten Wal. Manuel hat öfter klaffende Wunden im Speck der toten Riesen gesehen.

Die See brodelt jetzt. Regen klatscht in die Gischt. Manuel klammert sich an den Rand des Schlauchbootes. Eine Wasserwand türmt sich vor ihm auf, rollt heran und schlägt schäumend über ihm zusammen. Als er wieder Luft holen kann, ist das Boot verschwunden.

Manuel schwimmt. Er denkt nicht mehr an die Haie, nicht an die Thunfischkutter, nicht einmal mehr an die Entfernung bis zur Küste. Er schwimmt, reißt den Kopf hoch, schnappt nach Luft, schwimmt weiter, spuckt Salzwasser aus. Die Angst lähmt seine Gedanken. Beine und Arme werden schwer, die Bewegungen langsamer. Manuel merkt es nicht einmal. Schwimmen, Luftholen, Schwimmen – ganz mechanisch führt sein Körper diese Befehle aus.

Er sieht nicht, wie eine kleine dreieckige Rückenflosse neben ihm auftaucht und gleich wieder verschwindet. Auch den grauen Kopf bemerkt er nicht, den geöffneten Rachen, die spitzen Zähne. Da streift etwas an seinem Bauch entlang, seine Füße stoßen auf Festes. Sein müder Arm streckt sich vor – und bleibt liegen. Manuel sieht seine eigene Hand vor sich auf dem Wasser, ohne dass sie untergeht. Nun langt er mit dem andern Arm nach vorne. Dasselbe. Er schwimmt nicht mehr. Das Meer tobt und schäumt und trotzdem geht er nicht unter.

Werde ich verrückt? Oder vielleicht ist das Schlauchboot … Unmöglich, das ist grell orange. Das müsste ich sehen. Um ihn herum ist alles grau, das Meer, der Regen, der Himmel. Neben ihm springt ein Fisch. Der ist auch grau. Ein dicker grauer Fisch, größer als er selbst. Und da ist gleich noch einer. Haie?

Nein, denkt Manuel trotz seiner Verwirrung nun doch

ganz klar, Haie springen nicht. Das sind überhaupt keine Fische. Das sind Delphine!

Direkt vor seinem Gesicht ist so ein grauer dicker Kopf. Manuel spürt es jetzt deutlich. Er wird getragen. Er liegt auf dem Rücken eines Delphins. Wie ein Gummistiefel fühlt der sich an, wie ein riesiger nasser Gummistiefel. Und jetzt erst nimmt Manuel wahr, dass um ihn herum noch mehr Delphine schwimmen. Vielleicht sind es fünf oder acht, zehn, elf? Er kann sie nicht zählen. Sie springen, tauchen, recken den Kopf hoch. Manchmal sieht er nur die Rückenfinne. Wie die steil aufgerichtete Flosse der Haie, denkt er.

Der Delphin, der Manuel trägt, springt nicht. Ruhig gleitet er durch das Wasser, dicht unter der Oberfläche. Manuel hält sich an der Finne fest. In dem aufgewühlten Wasser kann er keinen Blas erkennen, aber jedes Mal, wenn der Delphin die Luft ausstößt, hört sich das an wie das Pusten einer Fahrradpumpe.

Jetzt, da Manuel nicht mehr um sein Leben kämpft, sondern sich nur noch festhält, packt ihn die Angst noch mehr als zuvor. Ich drehe durch, denkt er, das bilde ich mir nur ein. Delphine, die einen Ertrinkenden retten, gibt es nur in Märchenbüchern. Die können doch gar nicht wissen, dass ich in Seenot geraten bin. Wo sind die überhaupt so schnell hergekommen?

Aber es ist wirklich ein Delphin unter ihm. Der will bloß mit mir spielen, denkt Manuel. Gleich schlägt er mit seiner Fluke um mich wieder loszuwerden. Großvater hat oft erzählt, dass Wale mit ihren starken Schwanzflossen Schiffe zertrümmern können. Und Delphine sind schließlich auch Wale.

Trotz seiner Angst klammert er sich an die Finne wie an einen Haltegriff. Seine Finger sind steif vor Kälte. Seine

Zähne klappern. Neben ihm schiebt ein anderer Delphin seinen Kopf aus den Wellen. Er kommt so dicht heran, dass Manuel aufschreit. Wenn der bloß nicht zuschnappt. Die spitzen Zähne sehen sehr gefährlich aus. Der Delphin hält den Kopf etwas schräg um Manuel besser ansehen zu können. Er quietscht, taucht kurz unter, kommt wieder hoch, keckert, schnarrt, pfeift und nickt mit dem Kopf, als wollte er Manuel etwas erklären. Bedrohlich klingt das eigentlich nicht.

Wenigstens sind es keine Haie, versucht Manuel sich selbst Mut zu machen. Fast kommt es ihm so vor, als umkreisten ihn die Delphine wie Wächter. Ob das nun stimmt oder nicht, diese Vorstellung hat etwas Beruhigendes.

Und noch etwas tröstet ihn. Der Delphin unter seinem Bauch weicht geschickt den Brechern aus, als wüsste er, wie schwierig es für Manuel ist nicht von seinem Rücken abzurutschen. Trotz des harten Gegenwindes schwimmt er schnell und geradewegs auf die Küste zu. Durch das Spritzen der Brandung kann Manuel manchmal schon Häuser erkennen.

Mit einem Mal drängen sich die Delphine dicht um Manuel zusammen. Sie springen nicht mehr, stoßen kurze Rufe aus und tauchen unter. Sie geben sich gegenseitig Signale. Es hört sich wie eine Warnung an.

Irgendetwas erschreckt sie. Manuels Delphin schwimmt nicht weiter. Er scheint im Wasser zu stehen. Die Fluke zuckt unruhig. Manuel versucht zu erkennen, was los ist. Bis zum Hafen sind es vielleicht noch vierhundert Meter. Vor ihm im Wasser ist ein Gegenstand. Eine Boje? Nein, etwas Größeres. Im Jaulen und Tosen des Windes hört Manuel ein gleichmäßiges Tuckern. Ein Boot!

Sie haben ihn vom Land aus gesehen, sie kommen um

ihn zu retten! Die Fischer, der Comandante von der Walfangstation, Großvater, Mutter – irgendwer hat ihn im Meer entdeckt. Das Boot ist schon dicht heran. Manuel lässt den Delphin los, zappelt, rudert mit den Armen, wird gepackt und aus dem Wasser gezogen.

Er will etwas sagen, aber er kann nicht. Kein Ton kommt aus seiner wunden Kehle.

Die Delphine sind zurückgewichen. Einer steigt hoch aus dem Wasser. Er scheint auf der Fluke zu tanzen. Er nickt eifrig und stößt dabei ein helles Keckern hervor. Es sieht aus, als ob der Delphin lacht, und es hört sich auch so an.

Manuel hebt die Hand. Er will winken, aber daraus wird nichts. Vor Erschöpfung sackt er zusammen.

2. Kapitel

Manuel wird ein Held. Luis-Alberto erzählt von alten Zeiten und Großvater will sich nicht mehr erinnern

In den nächsten Tagen gibt es nur ein Gesprächsthema in Caniçal: Manuels wunderbare Rettung.

Der sitzt im Bett, noch schlapp und mit roter Schnupfnase, aber trotzdem schon wieder munter.

Großvater ist stolz. Sein kleiner Manuel hat sich im Sturm an einen Delphin geklammert, dieser Prachtjunge. Er ist auf ihm durch die Brandung geritten. In Manuel soll sich bloß keiner täuschen, nur weil der nicht richtig wächst und mit seinen zwölf Jahren immer noch wie acht aussieht. Manuel wird mal etwas Besonderes, mindestens Comandante von der Walfangstation oder Präsident von Madeira. Manuel ist ein Held!

Mutter sieht das anders. »Ein ungehorsamer Bengel ist er, ein Dummkopf! Oft genug hab ich gesagt, wie gefährlich es ist mit dieser Nuss-Schale aufs Meer hinaus zu paddeln. – Na bitte!«

Luis-Alberto, der alte Walfänger, macht Manuel einen Besuch. Auf einen Stock gestützt kommt er angeschlurft. Ist er nun achtundsiebzig oder schon achtzig? Manuel weiß es nicht.

Luis-Alberto setzt sich auf einen Holzstuhl neben das Bett. Ein leerer Jackenärmel baumelt von seiner knochigen Schulter. Er hört sich Manuels Abenteuer an ohne ihn zu unterbrechen.

»Die Wale sind komische Kerle«, sagt er schließlich, »nicht Fisch, nicht Fleisch. Sie können nur im Wasser

25

leben und müssen doch atmen. Sie sind sanft und klug wie kein anderes Tier. Und sie lieben uns Menschen. Glaub mir, Manuel, ich weiß, wovon ich rede. Die Delphine sind nicht anders als die plumpen Pott- oder die schnellen Finnwale.«

»Die Wale lieben uns bestimmt nicht«, protestiert Manuel. »Wir Menschen töten sie doch.«

»Trotzdem! Ich verstehe es auch nicht«, gibt Luis-Alberto zu, »aber sie lieben uns. Als ich mit dem Walfang anfing, habe ich noch geglaubt, die Wale seien zu dumm zum Leben. Wir kommen mit unsern Harpunen um sie abzuschlachten und die komischen Kerle reißen nicht einmal aus. Die jüngeren schwimmen manchmal sogar auf die Boote zu. Ich konnte sie anfassen und streicheln. Sie haben mit mir gespielt.«

»Und dann?«, fragt Manuel.

»Na, was schon! Wir mussten die Fässer voll Tran kriegen. Glaubst du etwa, ich hätte mein Geld mit Spielereien verdient? Die Kleinen haben wir verschont. Da lohnte sich das Flensen noch nicht. Aber Wale sind nun mal gesellige Tiere. Sie schwimmen in Familien oder in Gruppen zusammen, in sogenannten Walschulen. Da haben wir uns die Alten herausgeholt und die Jungen für die nächsten Jahre aufgehoben.«

Großvater ist ins Zimmer gekommen. Wenn von Walfang die Rede ist, will er dabei sein und die wilden alten Zeiten wieder aufleben lassen.

»Erst wenn sie die Harpune im Rücken spüren, begreifen sie, dass wir ihre Feinde sind«, fährt Luis-Alberto fort. »Und selbst dann fallen sie uns nicht an. Sie versuchen zu fliehen, bäumen sich auf vor Schmerzen, schlagen dabei auch schon mal um sich, aber sie wehren sich nicht. – Ich will dir etwas verraten, Manuel, diese Horrorgeschichten von blindwütigen Walen, die Beine und Arme abbeißen und Boote rammen – alles nur Seemannsgarn, Walfängerlatein, Geschichten zum Angeben, weiter nichts. Ich habe nie erlebt, dass ein Wal Menschen angegriffen hat. Manuel, sie lieben uns, obwohl wir ihre schlimmsten Feinde sind.«

»Dir hat die Sonne das Gehirn ausgetrocknet«, empört sich Großvater. »Guck dich doch mal an, Luis-Alberto. Dir selber hat ein Wal den Arm abgerissen. Hast du das etwa vergessen?«

Der alte Mann kichert. Seine vielen Runzeln geraten in Bewegung. Wie eine Schrumpfkartoffel sieht er aus, denkt Manuel, und im Kopf stimmt es auch nicht mehr.

Luis-Alberto hat nur einen mitleidigen Blick für Großvater, dann wendet er sich wieder an Manuel. »Ich habe nichts vergessen«, sagt er und hält seinen Armstumpf hoch. »Das hier geschah bei der Jagd auf einen Finnwal. Aber Finnwale haben keine Zähne, sondern nur dieses Gestrüpp im Maul, das man Barten nennt. Bis auf den Pott haben alle großen Wale Barten und damit können sie nicht mal einen Hering zerbeißen.«

Darüber hat Manuel noch nie nachgedacht, obwohl er die biegsamen fransigen Barten schon bei der Walfangstation liegen gesehen hat.

»Warum erzählen die Leute dann, dass ein Wal deinen Arm abgebissen hat?«, wundert sich Manuel. »Und dich hat doch einer ins Bein gebissen, Großvater. Stimmt das etwa nicht?«

So ein Gespräch über Walfang mag Großvater nun ganz und gar nicht. Er reibt sein Wetterbein und verzieht das Gesicht. Aber darauf fällt Luis-Alberto nicht herein.

»Wenn du vom Walfang zurückkommst«, erklärt er Manuel, »und du hast nur noch eine Hand, dann weißt du genau, das war deine letzte Fahrt. Von nun an taugst du nicht einmal mehr zum Holzhacken. Da sollen die Mädchen zu Hause wenigstens denken, du hättest mit dem Teufel gekämpft. Du redest und redest, machst den andern etwas vor, aber dir selber auch. Dabei wird der Wal dann ganz schnell zum Ungeheuer und der Walfang ein Kampf auf Leben und Tod. Am Ende glaubst du beinahe selber, dass du im Rachen der Bestie gehangen hast. Aber nur beinahe. – Manuel, so wenig wie du auf einem Delphin geritten bist, hat mich der Finnwal gebissen.«

»Natürlich ist Manuel auf einem Delphin geritten!«, schnauzt Großvater. »Mein Prachtjunge lügt nicht. Ein Held ist er. Die Fischer haben es gesehen, die ihn ins Boot gezogen haben. Du bist ein Schwachkopf, Luis-Alberto. Alles Unsinn, was du da quatschst.«

»Halb ertrunken hat dein Prachtjunge auf dem Delphin gehangen. Und wenn ihn dieses kluge Tier nicht so vorsichtig getragen hätte, würde jetzt die Totenglocke in Caniçal läuten.«

Nun wird Großvater ernstlich böse. Er droht Luis-Alberto mit der Faust. Seine Stimme wird ganz schrill. »Wenn du solche Lügen herumtratschst, wenn du etwas gegen Manuel sagst und hier alles durcheinander bringst, also dann ...«

»Lass doch, Großvater«, fährt Manuel dazwischen. »Das mit dem Reiten hast du erfunden. So etwas habe ich nie behauptet. Aber gerettet hat mich ein Delphin. Das stimmt!«

»Nun hör dir den an!« Vor Ärger kriegt Großvater einen roten Kopf.

Luis-Alberto achtet gar nicht auf ihn. Er nimmt Manuels Hand in seine schwielige Pratze. »Ja, das stimmt. Und du bist nicht der Einzige, dem Delphine geholfen haben«, sagt er. »Als ich noch auf Walfang ging, hat mir ein Fischer erzählt, dass sein Boot mal gekentert ist. Haie lauerten im Wasser. Er hat geschrien, aus Angst und um die Haie zu vertreiben. Plötzlich war eine Schule Delphine bei ihm. Sie sind um ihn herumgeschwommen, bis er sein Boot wieder klar hatte. Große Tümmler sollen es gewesen sein. Auch dir haben Große Tümmler geholfen. Ich habe die beiden Fischer danach gefragt, die dich hereingeholt haben.«

»Können denn Delphine Haie verjagen?«, fragt Manuel ungläubig.

»Und ob! Haie flüchten vor den kleinen Zahnwalen, zu denen auch die Delphine gehören, genauso wie vor den großen Bartenwalen. Ein gezielter Stoß in die Kiemen oder ein Schlag mit der Fluke, das hält kein Hai aus.«

»Sind noch mehr Menschen von Delphinen gerettet worden?«, will Manuel wissen.

»Viele«, sagt Luis-Alberto. »In Amerika ist eine Frau beim Schwimmen in eine Strömung geraten. Sie wurde weit vom Ufer abgetrieben. Ein Delphin hat sie zurückgetragen. Die Frau war schon bewusstlos, aber Leute am Strand haben beobachtet, wie sie im seichten Wasser abgesetzt wurde. Sie ist nicht ertrunken.«

»Na ja, Delphine lassen sich manchmal mit Menschen ein«, knurrt Großvater unwirsch. »Weiß der Teufel, warum. Solche Geschichten kenne ich auch. Hier war mal ein Matrose aus Neuseeland. Sein Schiff lag mit Maschinenschaden vor Madeira fest. Also, in dessen Heimatort steht sogar ein Denkmal von einem Großen Tümmler. Es soll da nämlich einen gegeben haben, der öfters in eine Badebucht kam und Kinder auf seinem Rücken reiten ließ. Das war aber kein gezähmtes Tier, das in einem Becken Kunststückchen vorführen muss, nein, der Tümmler lebte frei im Meer. Er spielte mit den Menschen, weil es ihm Spaß machte. Das Denkmal schmücken die Leute noch immer mit Blumen, hat der Matrose erzählt, obwohl der Tümmler längst tot ist.«

»Wer hat ihn denn getötet?«, will Manuel wissen.

»Danach habe ich nicht gefragt«, sagt Großvater. »Vielleicht ist er beim Thunfischfang in ein Netz geraten und erstickt. Das kommt oft vor. Ein Walfänger wird es wohl nicht gewesen sein, denn Delphine haben wenig Speck. Für den Fang ist der Pottwal der Beste, aber gefährlich ist der – gefährlich.«

Großvater humpelt durch die Kammer. Er zeigt auf sein Bein. »Das war ein Pott, so ein richtiger Moby Dick, wie er im Buch steht.«

»Komm mir nicht damit.« Luis-Alberto wird ärgerlich. »Das war ein Arbeitsunfall, genau wie bei mir. Nur hast du mehr Glück gehabt. Dein Bein war gebrochen, mein Arm wurde zerquetscht.«

»Du weißt wohl alles besser. Warst du etwa dabei, als wir dieses Ungeheuer erlegt haben?«

Manuel hat seinen Großvater noch nie so aufgeregt gesehen. Wie der sein Wetterbein verteidigt! Richtig stolz darauf ist er. Nun soll er bloß nicht mit der alten Geschichte kommen. Manuel kennt sie auswendig. Nicht schon wieder!

»Wie war das denn mit diesem Finnwal und deinem Arm, Luis-Alberto?«, fragt er schnell. »Erzähl doch mal.«

»Ach, das ist lange her. Ein halbes Jahrhundert.« Luis-Alberto ist aufgestanden. Er will gehen. »Seit damals ist vieles anders geworden, beim Walfang und auch sonst.«

»Ich möchte es aber trotzdem wissen. Bleib noch ein bisschen«, bettelt Manuel. »Bitte.«

30

Luis-Alberto hat schon die Türklinke in der Hand. Er blickt unschlüssig zu Großvater und dann wieder zu Manuel. Schließlich kommt er aber doch zurück und setzt sich noch einmal neben das Bett.

»Ich fuhr mehrere Jahre mit der deutschen Walfangflotte«, beginnt er. »Das war damals schon eine schwimmende Fabrik, mit der wir wochenlang in der Antarktis kreuzten. Die Deutschen nahmen jeden erfahrenen Harpunier, egal, woher er kam. Sie konnten gar nicht genug von dem ›flüssigen Gold‹ kriegen. Und der Tran war wirklich so etwas wie flüssiges Gold. In den vergangenen Jahrhunderten hatte man ihn nur für Lampen verwendet, für die Tranfunzeln. Als dann das elektrische Licht erfunden wurde, hätte das für die Wale ein Glück sein können, wenn nicht die Chemiker gewesen wären. Für die entpuppten sich Wale geradezu als Wundertiere. Der Tran wurde jetzt zur Herstellung von Lippenstiften, Schuhcreme, Seifen, Leim, Gelatine und Margarine verwendet. Selbst für Hormonpillen und die Bespannung von Tennisschlägern mussten die Wale herhalten. Manche Völker essen auch das Fleisch. In Japan ist das heute noch ein Nationalgericht. Aber den Deutschen schmeckten Walbraten nicht. Sie schmierten lieber ihre Panzer mit dem Tran. Und da gab es viel zu schmieren, denn der Zweite Weltkrieg hatte gerade begonnen. Ausgerechnet dieser Krieg wurde später ein Glück für die Wale. Denn in dieser Zeit kam der Fang fast ganz zum Erliegen. Aber solange ich mitfuhr, trafen sich noch Japaner, Russen, Norweger und viele andere Nationen rund um den Südpol.«

»Nun komm doch endlich zu dem Finnwal«, drängt Manuel.

»Alles der Reihe nach. Nicht so ungeduldig.« Luis-Alberto lässt die alten Zeiten wieder aufleben und das macht er gründlich. »Die deutschen Fangschiffe«, fährt er unbeirrt fort, »hatten am Bug eine Harpunenkanone.«

»Was ist das denn?« Manuel kennt nur die speerähnliche Eisenspitze an einem langen Holzstiel, mit der sein Vater Wale tötet. »Eine richtige Kanone?«

»Tolle Dinger sind das«, ereifert sich Großvater. »Ein Schuss, ein Knall und schon bohrt sich die Leine in den Wal.«

»Ich weiß nicht, ob das so toll ist«, widerspricht Luis-Alberto. »Für die Wale ist es jedenfalls eine ganz ekelhafte Erfindung, für uns Menschen allerdings sehr bequem. In dieser Kanone steckt nämlich eine Granate mit zwei scharfen Widerhaken, die an einem Seil befestigt ist. Der Harpunier zielt, drückt ab und das Geschoss explodiert im Leib des getroffenen Tieres. Die Widerhaken spreizen sich. Der Wal ist nicht gleich tot, er hat aber auch keine Möglichkeit mehr zu entkommen.«

»Ob Vater nun mit der Handharpune zustößt oder ein anderer mit so einer Kanone schießt, kann dem Wal doch egal sein«, meint Manuel.

»Früher habe ich auch so gedacht«, sagt Luis-Alberto. »Heute sehe ich das anders. Die Harpunenkanone ist nichts als ein technisches Tötungsgerät. Die lässt dem Wal keine Chance. Dein Vater dagegen muss erst einmal dicht an ihn herankommen. Der Wal kann plötzlich tauchen und unter Wasser fliehen. Oder wenn dein Vater zu lange zögert und nicht richtig trifft, reißt sich das erschreckte Tier los. Mancher Wal ist im letzten Augenblick noch entkommen. Die Kanone dagegen wird auf eine Entfernung von sechzig bis achtzig Metern abgefeuert. Der Harpunier braucht dabei nicht einmal die Pfeife aus dem Mund zu nehmen.«

»Hast du mit dieser Kanone auf den Finnwal geschossen?«, fragt Manuel.

»Ja«, gibt Luis-Alberto etwas knurrig zu. »Es war ein männliches Tier, an die zwanzig Meter lang und ungeheuer stark. Wie ein Wahnsinniger raste er los und zerrte das Fangboot hinter sich her. Wir hatten harten Wind. Plötzlich stoppte der Wal. Das Boot geriet fast außer Kontrolle. Die Harpunenleine warf Schlingen und konnte wegen eines Defekts nicht schnell genug zurückgespult werden. Im nächsten Augenblick tauchte der Wal und sofort schnellte die Leine wieder über die Bordwand. Eine der Schlingen verknotete sich. Ich wollte nachhelfen. Im selben Moment riss der Knoten auseinander und ich konnte meinen Arm nicht schnell genug zurückziehen. – Ja, so war das mit meinem letzten Fang.«

»Bestimmt hat der Wal das aus Rache getan, erst stoppen und dann so schnell wegtauchen«, meint Manuel und Großvater nickt dazu.

»Blödsinn.« Luis-Alberto lacht trocken auf. »Der Wal wusste doch gar nicht, was bei uns an Bord los war. Außerdem, Manuel, Rache ist allen Tieren fremd.«

»Oder er wollte sich die Widerhaken aus dem Fleisch reißen«, überlegt Manuel weiter.

»Das schon eher. Die Granate in seinem Leib war für ihn ein Angreifer, ein Feind. Er wollte fliehen, dem wahnsinnigen Schmerz entkommen. Soll ich den Wal deswegen blindwütig oder mörderisch nennen?«

»Und wie nennst du das, wenn ein getroffener Wal mit seiner Fluke angreift?«, fragt Großvater. »Als das mit meinem Bein geschah, hat ein alter Pottwalbulle das Boot umgestoßen. Wir lagen alle im Wasser.«

»Klar, bei den leichten Schaluppen, die wir hier haben, kann das schon mal vorkommen. Der Wal gerät in Panik, aber trotzdem beißt er nicht. Erzähl doch mal genau, was geschah, als die ganze Besatzung im Wasser lag.«

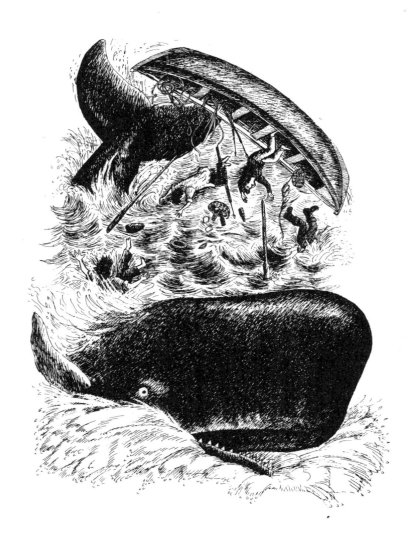

»Na, das siehst du doch!« Großvater zeigt auf sein Bein.
»Es war ein fürchterliches Durcheinander. Die Harpunenleine war völlig verheddert. Das Wasser spritzte, dass man kaum atmen konnte, und der Wal wälzte sich neben uns. Wir mussten höllisch aufpassen, dass uns die Stiele von Lanze und Harpune, die aus seinem Leib herausragten, nicht am Kopf trafen.«

Großvater stößt das Fenster auf. »Komm her, Manuel, schau dir unsere Gartentür an. Die beiden Pfosten sind die Kieferknochen eines Pottwals. Stell dich mal daneben, dann siehst du, dass sein Maul größer ist, als du von Kopf bis Fuß lang bist.«

»Na und? Hat der Pottwal dich nun gebissen mit seinem Riesenmaul voll spitzer Zähne, die er nur im Unterkiefer hat?« Luis-Alberto lässt nicht locker. »Oder ist dein Bein auch zwischen die Harpunenleine geraten wie mein Arm? Sag es uns doch endlich.«

Großvater schlägt das Fenster zu, dass die Scheiben klirren. Er humpelt zum Bett, dann zur Tür und fuchtelt mit den Armen, als sei er in einen Mückenschwarm geraten. »Wie soll ich das heute noch wissen? Das ist ewig lange her. Die Harpunenleine, ja, die auch – jedenfalls war das Boot umgekippt und das hat der Wal getan. Ich will nicht mehr daran denken. Außerdem wird es Zeit, dass ich in die Bananen gehe. Was soll das dumme Gerede überhaupt? Vom Walfang können wir schon lange nicht mehr leben. Es blasen ja kaum noch welche vor Madeira. Der Comandante müsste sich auch eine moderne Fangflotte zulegen und ins Eismeer fahren. Da schwimmen noch Tausende.«

»Längst nicht mehr«, widerspricht Luis-Alberto. »Wir Menschen in unserer Gier haben sie fast ausgerottet, die sanften Riesen der Meere.«

»Du musst einen Sonnenstich haben«, schimpft Großvater. »Früher hast du selber Wale gefangen und jetzt redest du solchen Unsinn. Die Meere sind unendlich. Da findet man nie alle Wale. Die kann man gar nicht ausrotten. – So, und nun gehe ich wirklich in die Bananen. Ich kann das nicht mehr mit anhören.« Großvater reißt die Tür auf.

»Hat dich nun der Pott gebissen, ja oder nein?«, ruft ihm Manuel nach. »Ich will es wissen.«

Aber Großvater ist ein bisschen schwerhörig. Und wenn er nicht antworten will, hört er gar nichts.

3. Kapitel

*Wale kommen. Mutter packt einen Fresskorb und Manuel
lernt eine Fremde kennen*

»Baleia! Baleia!«

Vater stößt die Kammertür auf. Er schüttelt Carlos an
den Schultern. »Wach auf! Baleia – Wale!«

Sofort rennt er wieder hinaus. Carlos windet sich aus
dem Bett und greift nach Hemd und Hose. Mit gespreizten
Fingern streicht er sich durch seine kurzen Haare. »Du
Knirps hast es gut«, nuschelt er, läuft aus dem Zimmer und
gleich weiter aus dem Haus. Wenn die Wale vor der Küste
blasen, ist keine Zeit mehr für ein Frühstück.

Carlos ist achtzehn, lang und drahtig. An seinen Armen
quellen die Adern hervor. Er hat Muskeln wie ein Boxer.
Das kommt von der Arbeit mit der Lanze.

Angeber, denkt Manuel. Nur weil der Lange Hände wie
Klodeckel hat und die größten Füße von ganz Caniçal, bin
ich doch kein Knirps. Im Gegensatz zu seinem Bruder ist
Manuel hellwach, obwohl die Sonne gerade erst aufgeht.

Zur Schule soll er heute wieder. »Es reicht«, hat Mutter
gestern beschlossen und damit gemeint, dass Manuel sich
genug erholt hat. Na ja, muss wohl sein!

Auf dem Flur klappert Mutter in Holzsandalen an seiner
Zimmertür vorüber. Weiter unten im Dorf schreit jemand
so laut er kann: »Ba-lei-aaa!« Im Nachbarhaus bellt der
Hund wie verrückt. Wenn die Wale kommen, schläft niemand mehr in Caniçal.

Manuel steht auf und zieht sich an. Die Schule beginnt
zwar erst in drei Stunden, aber was soll er bei dem Lärm

noch im Bett? Er geht zu seiner Mutter in die Küche. Ungekämmt, eine Schürze über ihr Nachthemd gebunden, packt sie einen Fresskorb für Vater und Carlos.

»Lauf damit zur Walfangstation«, sagt sie und drückt ihm den Korb in die Hand. »Aber Tempo, Tempo! Ich muss mir erst ein Kleid anziehen. Du bist schneller.«

Manuel rennt los. Auf dem kurzen Weg trifft er zwei Frauen, die ebenfalls mit Proviant unterwegs sind. Die Männer haben keine Zeit zu Hause darauf zu warten.

Die Walfangstation liegt auf einem Felsen direkt am Meer, ein hässliches Gebäude mit Wellblechdach, das immer stinkt. Nur Möwen und Fliegen fühlen sich hier wohl und vielleicht noch Luis-Alberto. Manuel sieht ihn neben der Trankocherei stehen – morgens um fünf Uhr!

Die Walfänger laufen und schreien durcheinander. Es ist keine Zeit zu verlieren. Wale sind ständig auf Wanderschaft, sie warten nicht. Das Schnellboot des Comandante, die *Vedetta*, liegt mit tuckerndem Motor vor Anker. Drei Fangboote werden nacheinander an einem Hebebaum über den Rand des Felsens ins Wasser hinabgelassen. Auch hier fällt die Küste steil ab. Eine grob gehauene Steintreppe führt direkt ins Meer. Sobald ein Boot unten angekommen ist, klettern die Männer von der Treppe aus hinein. Zu jeder Besatzung gehören ein Steuermann, ein Harpunier und zwei Matrosen.

Sogar eine Fremde steht schon zu dieser frühen Morgenstunde an der Walfangstation. Sie fotografiert die Boote, die Männer, den Hebebaum. Dabei sind die Wale noch gar nicht gefangen. Reichlich übertrieben, findet Manuel, sollen das etwa schöne Ferienbilder werden?

Zwei Fangboote sind sicher im Wasser angekommen. Mit dem dritten gibt es Schwierigkeiten. Es fängt in der Luft an zu schaukeln und kracht gegen die Felsen. Holz

knirscht. Vater, den zu Hause so leicht nichts erschüttern kann, gerät fast außer sich.

»Könnt ihr nicht aufpassen da oben?«, schreit er. »Ihr wollt wohl Kleinholz machen!« Dann brüllt er Carlos an, der noch immer nicht richtig munter ist und in die Gegend starrt. »Nun fass doch mit an und glotz keine Löcher in die Luft.«

Vater versucht mit dem Holzstiel einer Ersatzharpune das Boot von der Felswand wegzudrücken. Carlos zappelt die Treppe rauf und runter und fällt beinahe über seine eigenen Beine.

Manuel grinst. Schwache Leistung, was der Lange heute Morgen zu bieten hat.

Endlich ist auch das dritte Boot im Wasser. Der Steuermann springt hinein. Er ruckelt an dem Dieselmotor, der am Heck befestigt ist. Das Ding will nicht anspringen. Vater kommt dem Steuermann zu Hilfe. Carlos und noch ein Junge überprüfen Harpune, Lanze und eine Rolle mit tausend Metern Hanfseil. Alles klar für den Fang.

»Hier, euer Essen.« Manuel winkt aufgeregt. Geschickt wirft er Carlos den Korb zu. Nur ein Apfel fällt heraus. Der Steuermann hantiert noch immer an dem Dieselmotor. Vater schüttet aus einem Kanister Treibstoff nach.

»Diese olle Schrottmühle!«, schimpft er zu dem Comandante hinauf, der jetzt neben Luis-Alberto steht und das Auslaufen der Fangboote überwacht. »Wenn wir nicht bald einen neuen Motor kriegen, können wir gleich zu Hause bleiben.«

Das erste Boot knattert los, das zweite hinterher. Der Steuermann tritt wütend mit dem nackten Fuß gegen den Motor – und da springt er an.

»Na endlich.« Die Männer lachen. »So ein Witz, diese Technik!«

Der Comandante hat ein Sprechfunkgerät in der Hand, das ununterbrochen schnarrt und fiept. »Siehst du die Wale noch?«, fragt er in das Gerät hinein. »Kannst du erkennen, wie viele es sind? Schwimmen sie schnell?«

Auf einem besonders hohen Aussichtspunkt in den Bergen über Caniçal steht jeden Morgen schon bei Sonnenaufgang ein Mann und sucht mit einem Fernglas das Meer nach Walen ab. Er hat ebenfalls ein Sprechfunkgerät. Sobald er auf dem Wasser einen Blas entdeckt, benachrichtigt er den Comandante. Der reißt das Schlafzimmerfenster auf, schießt eine Leuchtrakete in den Himmel und schreit: »Baleia!«

Und dann schallt der Ruf von Haus zu Haus weiter. »Baleia! Die Wale sind da.«

»Es sind sieben.« Aus dem Funkgerät krächzt die verzerrte Stimme des Beobachters. »Sie schwimmen dicht zusammen. Vermutlich mehrere Pottwalweibchen mit Jungen. Gut einen Kilometer hinter ihnen zieht noch ein Einzelgänger nach. Wird wohl ein alter Bulle sein. Sie haben sich kaum weiterbewegt.«

»Alles klar«, antwortet der Comandante. »Die Fangboote sind eben ausgelaufen. Ich melde mich von der *Vedetta,* wenn ich die Wale in Sichtweite habe. Bleib ja auf deinem Posten und schlaf nicht ein.« Er schaltet das Gerät ab.

Nun ist die Hektik vorüber. Die Boote sind schon weit draußen. Die Fremde hat aufgehört zu fotografieren und Manuel denkt an Frühstück.

Da kommt der Comandante zu ihm. »Na, du Delphinreiter von Caniçal!« Er lacht und bei seiner tiefen Stimme klingt das wie ein fern grummelndes Gewitter. Doch er wird sofort wieder ernst. »Ohne die Hilfe der Delphine wärst du ertrunken. Wenn ich mir das vorstelle … Du musst mir diese unglaubliche Geschichte erzählen. Übrigens, das ist Petra.« Er nickt zu der Fremden hin. »Sie ist aus Deutschland, aus Hamburg, gekommen um bei uns alles über Wale und Walfang zu erfahren. Sie ist genauso neugierig auf deinen Bericht wie ich. Du wirst noch berühmt.« Er lacht wieder sein grummeliges Gewitterlachen.

Manuel schaut sich diese Petra an, die ihm bisher ziemlich gleichgültig war. Sie ist ein paar Jahre älter als Carlos, hat lange braune Haare, trägt Sonntagsjeans, geputzte Schuhe und natürlich baumelt ein Fotoapparat um ihren Hals. Typisch Tourist, denkt Manuel, und die will etwas über Walfang wissen – eine Frau?

Ganz und gar nicht gleichgültig scheint die Fremde Luis-Alberto zu sein. Er kommt mit schlurfenden Schritten näher und ruft in einer Sprache, die Manuel nicht versteht: »Wal, da bläst er.«

Die Fremde versteht es. »Sie sprechen Deutsch? Sind Sie Walfänger gewesen?«

»Bin auf deutschem Walfangschiff gefahren – Bremerhaven.«

»Das muss lange her sein. Seit Beginn des Zweiten Weltkrieges gibt es in Deutschland keinen Walfang mehr.«

Luis-Alberto richtet seinen krummen Rücken auf. »Ja, lange. Bis Frühjahr 1939, dann war mein Unfall. Aber die Augen sind noch gut.« Er zeigt hinter sich zu dem Gebirgskamm. »Krähennest sagen die Deutschen zu Ausguck nach Walen. Da oben war zwanzig Jahre mein Krähennest. Wir rufen ›Baleia‹, ihr Deutschen ›Wal, da bläst er‹.«

»Das stimmt.« Die Fremde nickt lebhaft. Manuel staunt, dass Luis-Alberto sich so gut in einer fremden Sprache unterhalten kann.

»Schluss jetzt«, fährt der Comandante dazwischen. »Ich kann nicht länger warten. Petra fährt mit mir hinaus und du kannst auch mitkommen, Manuel. Unterwegs höre ich mir dein Abenteuer an und Luis-Alberto übersetzt gleich.«

»Mitkommen auf der *Vedetta*?«, fragt Manuel. »Ich?«

»Ja, oder willst du nicht?«

Und ob Manuel will. Vater und der Lange werden die Augen aufreißen, wenn er auf dem weißen Schnellboot neben dem Comandante steht. Und in der Schule wird er nicht nur von den Delphinen berichten, sondern auch vom Walfang. Wie die Riesen getobt haben und all das. – Schule? Ach du liebe Zeit, er soll doch heute wieder zur Schule gehen.

Manuel zögert. Schule – Walfang, ja, was denn nun? Also, der Comandante hat befohlen, dass er mitkommt, und der ist hier der Chef. Da kann man nichts machen. Hoffentlich begreift Mutter das auch so. Ganz wohl ist Manuel nicht dabei.

Der Comandante ist inzwischen mit der Deutschen die Treppe zum Wasser hinuntergegangen und steigt in einen Kahn, der ihn zu der weiter draußen ankernden *Vedetta* bringen soll. Manuel rennt hinterher. Der Mann, der den Kahn rudert, hilft ihm hinein.

»Lu, was ist mit dir?«, ruft der Comandante ungeduldig. »Komm, wir helfen dir an Bord.«

Aber der alte Mann schüttelt energisch den Kopf. »Niemals! Eine Frau beim Walfang bringt Unglück.«

Der Comandante lacht dröhnend los. »Der alte Aberglaube unter den Walfängern! Mann, du bist doch sonst kein Feigling.«

»Denk, was du willst«, sagt Luis-Alberto und es klingt stolz. »Eine Frau beim Walfang, da wird etwas geschehen.

Du wirst es erleben.« Er hebt den Armstumpf. Der leere Jackenärmel flattert im Wind.

Manuel weiß nicht recht, winkt er oder droht er. Ein bisschen mulmig ist ihm schon zu Mute. Vielleicht sollte er doch lieber in die Schule gehen. Aber das Ruderboot hat bereits abgelegt. Er könnte immer noch über Bord springen und das kurze Stück schwimmen – und sich auslachen lassen! Manuel, der Knirps, der Winzling, hat Angst. Nein, denkt er entschlossen, irgendwie komme ich da schon durch.

»Sag meiner Mutter, der Comandante will, dass ich mitfahre«, ruft er zur Küste zurück. »Du hast es selber gehört. Bitte, sag es so!«

Luis-Alberto antwortet nicht. Er starrt aufs Meer. Eine Silbermöwe kreist über ihm und schreit.

4. Kapitel

Kauderwelsch an Bord der Vedetta. Manuel hat Bauchweh und die Fremde einen seltsamen Beruf

Sie werden rasch, ohne weitere Verzögerung, zu dem wartenden Schnellboot gebracht. Der Comandante hilft Petra und Manuel an Bord und fährt gleich darauf los. Luis-Alberto ist bald nur noch ein fernes Pünktchen.

Die Sonne glitzert im Schaum, der wie eine Spur hinter ihnen herzieht und sich schnell wieder auflöst. Manuel kann es noch gar nicht recht fassen, dass er auf dem Schiff des Comandante steht, dass er mit zum Walfang fährt. Eben hat der Beobachter in den Felsen noch einmal über Funk bestätigt, dass die Riesen nicht mehr fern sind. Der Comandante reibt sich die Hände. Er ist bester Laune. Mit vielen schauspielerischen Gesten und in einem seltsamen Sprachgemisch verständigt er sich mit der Fremden. »Mein Französisch ist nicht gerade das beste«, sagt er lachend zu Manuel, »aber Petra versteht es trotzdem. Außerdem hat sie schon ein paar Brocken Portugiesisch gelernt. Wir kommen auch ohne Luis-Alberto klar.«

Er breitet eine Plane an Deck aus und lädt Petra und Manuel zum Frühstück ein. Auch er hat einen Fresskorb dabei. Picknick an Bord der *Vedetta*.

Manuel fühlt sich großartig. Nur schade, dass sein Bruder, diese Schlafmütze, ihn nicht sehen kann. Aber das kommt noch. Er langt tüchtig zu. Wenn der Kampf erst beginnt, ist bestimmt keine Zeit mehr zum Essen.

Die Fremde rührt nichts an. Krank sieht sie aus, seekrank. Oder sie hat Angst. Klar, hinter ihrem Knipskasten fühlt sie sich stark, aber sonst ist sie feige. Und wegen der bleibt Luis-Alberto an Land und lässt sich auslachen!

»Nun schieß endlich los«, unterbricht der Comandante Manuel in seinen Gedanken. »Also, wie war das mit den Delphinen und dir?«

Manuel berichtet ausführlich. Jetzt, wo die Gefahr überstanden ist, kann er leicht davon reden. Und ein tolles Gefühl ist es außerdem, wie sie ihm alle zuhören. Der Comandante übersetzt in einem Kauderwelsch aus Portugiesisch und Französisch. Er stöhnt, verdreht die Augen, ringt die Hände über diese schwierige Unterhaltung. Aber er lacht dabei. Und irgendwie klappt die Verständigung doch. Manuel findet diesen Wortsalat lustig.

Die Küste von Madeira verschwindet allmählich im Dunst der Morgensonne. Voraus ragen jetzt schroffe Felsbrocken aus dem Meer. Am Rande einer überhängenden Klippe stehen zwei Ziegen und meckern in den Wind.

»Die Desertas«, sagt der Comandante und zeigt zu den Felsen. »Ein Paradies für Robben, Seevögel, seltene Spinnen und diese neugierigen Wildziegen. In den Grotten unter Wasser hausen Tintenfische. Das Meer ist an dieser Stelle fast dreitausend Meter tief. Manchmal finden wir im Magen eines erlegten Pottwals noch unverdaute Arme von riesigen Tiefseekraken.«

Solche Informationen scheinen Petra zu beeindrucken. Manuel beobachtet, wie sie dem Comandante lebhaft etwas erwidert.

»Was sagt sie denn?«, erkundigt er sich.

»Ein ausgewachsener Pottwal kann tausend Meter tauchen, vielleicht sogar noch mehr. Die Wissenschaftler konnten das bisher nicht exakt erforschen. Ein Mensch hält nämlich so einen gewaltigen Wasserdruck nicht aus. Tiefseekraken scheinen jedoch die Lieblingsspeise von Pottwal-Opas zu sein. Nur die alten Bullen wagen sich in diese dunklen, eiskalten Tiefen. Weibliche und junge Wale bleiben lieber weiter oben.«

Manuel staunt. Wale waren für ihn bisher nichts als stinkende Speckberge, die Geld einbringen. Über ihre Lebensgewohnheiten hat er sich noch nie Gedanken gemacht.

Kurz hinter den Desertas holt die *Vedetta* die Fangboote ein. Manuel hört Musik. Einer der Männer lässt sein Kofferradio dudeln. Ein anderer nimmt einen Schluck Rotwein schon zu dieser frühen Morgenstunde. »Zielwasser«, ruft er fröhlich und zeigt auf die Lanze. Die andern witzeln und lachen. Der bevorstehende Kampf scheint sie nicht zu beunruhigen.

Manuel hält sich versteckt, bis die *Vedetta* ganz dicht neben den Booten liegt. Erst jetzt steigt er auf das Dach des Steuerhauses, das ein Geländer zum Festhalten hat. Ohne eine Miene zu verziehen spuckt er über Bord wie ein alter Seemann.

Vater lässt sich keine Überraschung anmerken. Wohl wieder in seinem Schneckenhaus, denkt Manuel. Immer wenn Mutter sich über eine Sache ereifert und Vater höchstens mit den Schultern zuckt, lamentiert sie: »Die Welt könnte in Stücke springen. Und was macht mein Mann? Er verzieht sich in sein Schneckenhaus.«

Carlos dagegen benimmt sich wie ein Clown. Zwei, drei Sekunden steht er da, als wäre ihm soeben ein Geist erschienen. Dann beugt er sich ganz weit vor und blinzelt wie einer, der an Sehstörungen leidet. »Komm sofort da runter!«, brüllt er und stößt Vater an. »Los, nun mach doch was.« Aber Vater grinst nur ein bisschen und zieht Carlos am Kragen vom Bootsrand weg. Manuel spuckt noch einmal besonders schwungvoll ins Wasser.

Plötzlich geht eine Veränderung mit den Männern vor. Das

47

Radio wird abgestellt. Die Gespräche verstummen. Eins der Boote prescht mit Vollgas davon. Baleia, es ist so weit.

Etwa hundert Meter voraus sieht Manuel eine längliche Dampfwolke, ähnlich wie aus Mutters Wasserkessel, wenn es pfeift, nur viel größer.

Das Fangboot nähert sich dem Wal, verlangsamt seine Geschwindigkeit wieder und drosselt den Motor, bis er nur noch leise brummt. Die *Vedetta* und die beiden andern Boote bleiben zurück.

»Wale haben ein feines Gehör. Sie sehen mit den Ohren«, sagt der Comandante zu Manuel. »Sie haben auch ein ausgezeichnetes Gedächtnis. Auf ihren weiten Reisen durch die Meere orten sie Felsen, Pflanzen, Rinnen und merken sie sich, wie wir uns Straßenschilder einprägen. Außerdem können sie schon aus großer Entfernung unter Wasser Lock- und Warnrufe anderer Wale aufnehmen oder Haie und Schiffe erkennen. Wenn wir also zu viel Krach machen, dann alarmiert das den Burschen vor uns und er taucht erst mal eine Stunde, bevor er wieder hoch kommt.«

»Was heißt aus großer Entfernung?«, will Manuel wissen. »Können sich Wale über mehrere Kilometer hinweg noch hören? So, als würde ich an einem Ende von unserm Dorf verstehen, was am anderen gesagt wird?«

»Viel weiter«, versichert der Comandante. »Genau kann ich es dir allerdings nicht sagen. Fragen wir doch mal Petra.«

Sie weiß es auch nicht besser. »Wale sind für uns noch immer Tiere voller Geheimnisse«, sagt sie. »Amerikanische Wissenschaftler haben herausgefunden, dass Buckelwale sich bei günstiger Strömung über mehrere hundert Kilometer miteinander verständigen. Andere Forscher vermuten sogar, dass die Entfernung noch größer sein kann.«

Hundert Kilometer und weiter – Manuel versucht sich das vorzustellen. Unmöglich! Das ist ja fast so, als hätten sie ein eingebautes Telefon ohne Kabel. Er will von Petra noch mehr darüber wissen, aber sie ist nicht mehr ansprechbar. Sie hat die Hände ineinander verkrampft und starrt zu dem Fangboot. Bis auf vier oder fünf Meter hat es sich an den Wal herangeschoben. Der hebt den Kopf ohne Argwohn in die Sonne, bläst und gleitet wieder in die Tiefe. Das Wasser spritzt nicht einmal.

Manuel hält unwillkürlich die Luft an. Die Lautlosigkeit, mit der dieses riesige Tier sich bewegt, überrascht ihn. Der Wal muss das Boot längst gehört und auch gesehen haben. Aber er lässt sich nichts anmerken. Er flieht nicht. Vielleicht macht er sich ganz heimlich unter Wasser davon, denkt Manuel. Wale sollen doch so klug sein. Dann kann der Steuermann mal richtig aufdrehen und zeigen, was der Dieselmotor hergibt. Das wird eine irre Verfolgungsjagd. Noch deutet allerdings nichts darauf hin.

»Wo sind die andern Wale?«, fragt Manuel. »Es sollen doch sieben sein.«

»Irgendwo in der Nähe«, antwortet der Comandante. »Die brauchen wir nicht zu suchen. Sie kommen freiwillig.«

»Freiwillig? Haben Wale gar keine Angst?«

»Doch! Du wirst es gleich sehen. Warte nur ab.«

Das Fangboot liegt jetzt still. Auch die *Vedetta* dümpelt nur noch. Der Motor ist abgestellt. Die Männer reden nicht mehr miteinander. Sie schauen aufs Wasser und warten. Der Harpunier hat die schwere Wurfwaffe mit beiden Händen gepackt. Mehrere Minuten vergehen, dann ist ein leichtes Kräuseln an der Oberfläche zu sehen, direkt vor dem Boot. Der Harpunier hebt die Arme. Vor ihm taucht ein silberglänzender Pottwal aus dem Meer. Ein Koloss, größer als ein Erntewagen, viele Tonnen schwer, hebt sich in die Luft. Für Sekunden ist der massige Speckrücken ganz aus dem Wasser – und da trifft ihn die Harpune.

Ein Ruck geht durch den mächtigen Leib. Der Wal krümmt sich, die Fluke peitscht das Wasser, das Boot fängt an zu schaukeln. Dann taucht er. Die Leine ist fest an der Harpune verspleißt und surrt über den Bootsrand.

Petra stöhnt leise. Ganz elend sieht sie aus. Auch Manuel hat ein Bibbern im Bauch, das er gern loswürde. Er zieht die Mundwinkel auseinander und hofft, dass es wie ein Grinsen aussieht. Was soll der Comandante von ihm denken? Schließlich ist er der Sohn, Enkel, Bruder von Walfängern. Er hat doch kein Mitleid mit dieser lebenden Trantonne. Er bestimmt nicht! Nur Bauchweh hat er, aber das kann man zum Glück nicht sehen.

Noch immer spult sich die Leine ab. Wann das wohl aufhört? Vielleicht sitzt die Harpune ganz oben im Speck und der Wal kann sich losreißen. Aber so etwas will Manuel eigentlich gar nicht denken. Er ist doch kein Feigling! Nur weil ihm ein paar Zentimeter fehlen, soll bloß keiner vermuten, dass er weichlich ist.

Manuel zeigt verstohlen auf Petra. »Sie hat Angst«, flüstert er. »So was Albernes.«

Der Comandante schüttelt den Kopf. »Es ist furchtbar für sie zu sehen, wie der Wal stirbt.«

»Warum ist sie dann mitgekommen? Die andern Touristen warten doch auch, bis die Speckberge tot vor der Trankocherei liegen.«

»Ihr geht es nicht um ein Urlaubsfoto«, sagt der Comandante. »Sie studiert das Verhalten der Meeressäugetiere und dazu gehört nun mal auch dieser Todeskampf. Angst hat sie bestimmt nicht. Sie würde ins Meer springen, wenn sie damit diesen Pottwal vor der Harpune retten könnte. Sie hat es sich zum Beruf gemacht Wale zu schützen.«

»Seltsamer Beruf«, murmelt Manuel. »Will sie den Fang verbieten? Das kann sie nicht.«

Der Comandante hebt die Hände und lässt sie wieder sinken. Es sieht ein wenig hilflos aus. »Die Menschen sind dabei, die letzten Riesen dieser Welt auszurotten. Wir mit unsern altmodischen Fangmethoden wohl weniger, aber die Japaner sind dafür erstklassig ausgerüstet. Mit Flugzeugen suchen sie nach dem Blas, geben über Funk genau die Position an die schnellen Fangschiffe weiter. Die haben hochmoderne Harpunenkanonen. Kein Tier kann ihnen entkommen, nicht einmal Finn- und Blauwale, die sofort auf den Meeresboden sinken, wenn sie tot sind. Sie werden durch einen Schuss aus der Kanone mit Gas aufgeblasen. Dann trudeln sie wie eine Flasche an der Wasseroberfläche, bis das Fabrikschiff sie holt und zerlegt. Für diese Leute ist es das Gleiche, ob sie Autos herstellen oder Wale fangen. Das Unternehmen muss Gewinn abwerfen, je mehr, desto besser. Nur das zählt.«

Der Pottwal ist wieder aufgetaucht, fast zweihundert Meter vom Boot entfernt. Die Männer fahren näher heran und holen dabei die Leine ein. Jetzt versucht das Tier zu fliehen, jetzt, wo es zu spät ist. Der Wal schwimmt, so schnell er kann. Aber er zieht das Boot mit sich. Die Harpune steckt tief im Fleisch und das Hanfseil reißt nicht.

Die *Vedetta* und die beiden andern Fangboote folgen in größerem Abstand. Der getroffene Wal wird langsamer. Seine Kräfte sind verbraucht. Die Männer holen Meter um Meter Leine ein.

Da bemerkt Manuel einen weiteren Blas und gleich darauf noch einen. Zwei andere Pottwale sind herbeigeschwommen. Sie nehmen den verletzten Artgenossen zwischen sich. Es sieht aus, als wollten sie ihn stützen.

»Siehst du, sie kommen freiwillig«, sagt der Comandante zu Manuel. »Das verletzte Tier hat unter Wasser ein Notsignal abgegeben und die beiden sind sofort gekommen um ihm zu helfen. Denn wenn der entkräftete Wal jetzt absinkt, schafft er es nicht mehr an die Oberfläche zu gelangen. Er ertrinkt wie ein Mensch. Die beiden Helfer spüren genau, in welcher Gefahr sie selber sind. Schau nur, ihr Blas ist kurz und unruhig. Sie keuchen vor Angst. Aber dennoch bleiben sie bei dem Tier aus ihrer Schule, das in Not geraten ist. Sie weichen nicht von seiner Seite, bis es tot ist. Und dieses Verhalten nutzen wir Walfänger aus. Am besten klappt die Methode bei einem jungen Wal. Nie würde eine Mutter ihr harpuniertes Kind verlassen.«

Manuel fühlt eine Gänsehaut über seine Arme rieseln. Er schaut zu Petra und findet sie gar nicht mehr so albern. »Das ist gemein«, murmelt er vor sich hin, »und feige finde ich es auch.«

Der Comandante hat ihn verstanden, obwohl Manuel das gar nicht beabsichtigt hatte. »Ja, irgendwie schon. Aber wir Menschen müssen Geld verdienen, wenn wir leben wollen. Was willst du denn in Caniçal machen? Es gibt nicht eine Fabrik im Dorf und von Ackerbau allein können wir nicht leben.«

Das Fangboot liegt jetzt direkt vor dem harpunierten Wal. Die beiden andern fliehen noch immer nicht. Sie könnten das Boot angreifen, brauchten nur mit ihren Fluken dagegen zu schlagen oder es mit ihren eckigen Köpfen zu rammen. Manuel versteht nicht, warum sie sich nicht wehren. Sie sind größer, stärker, schneller als Menschen und kämpfen trotzdem nicht. Die sanften Riesen der Meere hat Luis-Alberto sie genannt. In diesem Augenblick begreift Manuel, was er damit gemeint hat.

Einer der Männer stößt mit der Lanze zu. Der entkräftete Wal ist am Ende. Blut sickert aus seinem Blasloch. Der schwere Leib rollt auf die Seite. Der Wal ist tot.

Jetzt endlich fliehen die beiden Helfer. Sie tauchen und

erst in zweihundert Meter Entfernung sieht Manuel wieder ihren Blas. Los, beeilt euch, denkt er. Macht, dass ihr wegkommt! Bei dem Tempo können euch die Fangboote nicht mehr einholen. Ganz unmöglich!

Manuel hat Recht, die kleinen Holzboote sind langsamer als die Wale. Aber da ist noch die *Vedetta* und das ist ein Schnellboot.

Die *Vedetta* dreht auf. Der Motor heult. Bald ist das Schiff neben den flüchtenden Walen. Und jetzt geschieht etwas Entsetzliches. Die Wale drehen um. Sie schwimmen zurück. Von dem Motorlärm im Wasser fühlen sich die geräuschempfindlichen Tiere umzingelt. Sie wollen der Falle entkommen, die gar keine ist. In ihrer Todesangst schwimmen sie den Walfängern geradewegs vor die Harpunen.

Als es Abend wird, hat jedes Fangboot einen Wal erlegt. Die übrigen sind noch einmal davongekommen. Für diesen Tag wenigstens.

Der Comandante hat über Funk das Walfang-Mutterschiff herbeigrufen. Das ist ein stabiler, ausgedienter Fischdampfer. Die Wale werden mit Tauen am Heck fest verzurrt, mit der Fluke nach oben.

Die kleinen Fangboote tuckern nach Hause. Die Männer sind müde. Es war ein anstrengender Tag.

Manuel sitzt stumm ganz vorn am Bug. Er schaut nicht zurück zu dem Dampfer, der so reiche Beute nach Caniçal schleppt. Er denkt an die Delphine, die ihn gerettet haben. Er denkt an die Pottwale, die heute sterben mussten. Und er hat Bauchweh. Der Comandante ruft ihm etwas zu. Manuel hört nicht hin. Er will nicht mehr reden. Der Comandante lacht sein dröhnendes Lachen. Manuel ist das egal. Er will nicht mehr lachen.

5. Kapitel

*Unruhe kommt über die Walfänger. Manuel will allein
sein und findet neue Freunde*

Es ist kein Unglück geschehen, wie Luis-Alberto voraus-
gesagt hat. Oder doch? Ein verzögertes Unglück vielleicht?

Die Walfänger aus Caniçal stehen in Grüppchen zusam-
men, am Hafen, vor der Kirche, bei der Trankocherei.
Gerüchte schwirren durchs Dorf. Keiner weiß Genaues.
Der Comandante könnte diese Ungewissheit beenden, aber
der verweigert jede Auskunft und lässt sich den ganzen
Tag nicht bei der Walfangstation blicken.

Das alles hängt mit der Fremden zusammen, dieser Frau
aus Hamburg. Baleia-Petra nennen sie die Leute im Dorf,
Wal-Petra.

Meeresbiologin soll sie sein. Mutter hat es von einer
Nachbarin gehört. Eine Studierte also.

»Wird wohl stimmen.« Vater hält sich wie üblich aus
allem heraus.

Carlos bohrt die großen Hände in die Hosentaschen. Sie
tun ihm weh von der harten Arbeit des Flensens. »Den
ganzen Tag hat sie uns im Wege gestanden«, schimpft er,
»hat Knochen gemessen, Zähne gezählt und an den Viechern
herumgeschnippelt. Das sollte wohl wissenschaftlich sein.«

»Kann sie machen, wenn sie Spaß daran hat«, mischt
sich Großvater ein. »Lass sie ruhig schnippeln. Aber den
Walfang verbieten – nein, das geht zu weit. Außerdem
lässt sich der Comandante nichts befehlen, schon gar nicht
von einer Frau. Lächerlich!«

»Weiß nicht«, meint Vater nur.

»Was heißt hier weiß nicht?«, braust Mutter auf. »Du ziehst dich schon wieder in dein Schneckenhaus zurück. Sag mir lieber, wovon ich mir neue Schuhe kaufen soll und das Fahrrad, das wir Carlos versprochen haben. Vielleicht von den paar Bananen und dem bisschen Gemüse, das ich samstags auf dem Markt verkaufe? Denk mal an die Zukunft deiner Söhne. Sollen die verhungern? Die Fremde kommt aus einer großen Stadt. Dort kann man immer Geld verdienen. In unserm Dorf gibt es keine Arbeitsplätze. Sagt ihr das denn keiner? Ach, ich habe so eine komische Ahnung!«

Manuel hört zu und hört doch nicht zu. Er hockt auf der Fensterbank in der Küche. Die andern sitzen um den Tisch. Die andern? Das ist seine Familie. Er gehört dazu, oder? Sicher, daran hat sich nichts geändert. Er hat heute nur das Bedürfnis sich abzusondern, allein zu sein. Er muss etwas in seinem Kopf klarkriegen und dabei kann ihm keiner helfen.

Also, dass Großvater von einem Wal gebissen wurde, kann er erzählen, wem er will, aber nicht ihm. Nicht mehr. Seit gestern weiß Manuel, wie Wale sterben. Pottwale sind bestimmt keine Ungeheuer, nur ungeheuer groß. Sie haben ein Maul, in dem beinahe ein Boot verschwinden kann. Ja, er hat die spitzen Zähne im Unterkiefer gesehen und den weit aufgerissenen Rachen. Aber keiner der Wale hat seine Peiniger angegriffen. Es war eher ein stummer Schrei, Angst und Qual.

Manuel will nicht mehr daran denken. Doch die Erinnerung ist wie eine Wunde, die nicht so schnell heilt. Vor allem der letzte Wal, den Vater und Carlos getötet haben, der lässt ihn nicht los. Ganz weit hatte er seinen Kopf aus dem Wasser gereckt und Manuel angeblickt. Das war keine

Einbildung. Manuel hat es genau beobachtet. Der Wal hat ihn angeschaut, bis er tot war.

In der Nacht ist er zweimal aufgewacht. Und im Dunkeln war da wieder dieser Blick, als ob der Wal noch immer lebte! Das macht Manuel zu schaffen. Er kann nicht darüber reden.

Bis jetzt war er stolz darauf gewesen, dass Vater Harpunier ist. Seit gestern hat er dieses Bibbern im Bauch, wenn er daran denkt. Und Carlos, dieser Angeber, der soll sich bloß nicht so aufspielen.

Manuel springt aus dem Fenster. Er will nicht mehr hören, wie sie über den Walfang reden, dass der weitergehen muss bis in alle Ewigkeit. Sonst verhungern sie, hat Mutter behauptet. Verhungern muss furchtbar sein, ganz anders zwar, aber bestimmt so grauenvoll wie harpuniert werden.

Das ist es, was Manuel so beschäftigt, dass er an nichts anderes mehr denken kann: Die Wale müssen sterben, damit er und seine Familie versorgt sind. Walfänger ist ein erbärmlicher Beruf.

Manuel läuft ziellos durchs Dorf. Es ist Abend. Zehn Stunden haben Vater und Carlos heute bei der Trankocherei gearbeitet. Mit diesen kurzstieligen Spaten, die man Flensmesser nennt, haben sie den Speck in Streifen geschnitten und in riesige Pötte geschoben. Der Gestank der toten Wale kriecht in alle Gassen und Häuser. Manuel mag gar nicht richtig Luft holen. Und immer wieder muss er an den einen denken, der ihn so lange angeschaut hat.

Hoffentlich haben sie den schon geflenst. Wenn nichts mehr übrig ist, dann verschwindet bestimmt auch dieser Blick wieder. Dann ist da nur noch Tran. Und für Tran gibt es Geld.

Ohne es eigentlich zu wollen ist er zur Walfangstation

gekommen. Dort ist um diese Zeit kein Mensch mehr. Zwei Wale liegen noch auf dem glitschigen Betonboden. Sie sehen nicht mehr silbergrau aus, sondern sind dunkler geworden, fast schwarz, schmierig und unförmig. Jetzt sind das nur noch stinkende Speckberge. So sehen sie alle aus, wenn sie erst hier liegen. Man kann sie nicht mehr unterscheiden.

Der Ekel schnürt Manuel die Kehle zu. Lebendige Pottwale sind schön. Wie sie sich so mühelos aus dem Wasser heben und in der Sonne glitzern, das kann man nie mehr vergessen. Trotz der Größe wirken sie schlank und geschmeidig. Wie sie dann sterben, lautlos und ohne sich zu wehren, das kann man auch nie mehr vergessen.

Manuel dreht sich um und läuft weg. Er kann es nicht länger aushalten. Das sind nicht mehr die sanften Riesen, die er gesehen hat, das ist nur noch ein Haufen Aas, auf dem zahllose Fliegen sitzen.

Alle Wege in Caniçal führen mehr oder weniger direkt zum Hafen. Hier treffen sich am Abend die Leute, die nicht zu Hause hocken wollen.

»Manu, komm her!« Zwei Jungen winken ihm zu. Manuel ist mit einem Mal sehr beliebt. Heute in der Schule haben sich die andern um ihn gedrängelt und keiner hat Knirps oder halbe Portion gerufen wie sonst so oft.

Auch die beiden Fischer, die ihn in ihrem Boot hereingeholt haben, sind am Hafen. Sie sitzen zusammen mit andern Männern an runden Tischchen und trinken Wein. Einer hebt sein Glas und nickt in Manuels Richtung wie zu einem Mann. Jedenfalls kommt es Manuel so vor. Der Comandante ist auch hier. Etwas abseits trinkt er seinen Wein. Neben ihm sitzen Luis-Alberto und Petra.

Manuel schlendert zu den beiden Jungen an der Hafenmauer. Die Steine sind noch warm, obwohl die Sonne schon untergegangen ist. Manuel hockt gern auf warmen Steinen. Da fühlt er sich wie eine Katze und möchte schnurren. Aber heute ist ihm gar nicht wohl. Die Mauer ist hart und rau. Wenn er geradeaus schaut, sieht er Baleia-Petra. Und überall stinkt es nach toten Walen.

»Sie soll abhauen«, zischt er durch die Zähne. Er weiß selber nicht, warum er das sagt. Er möchte loswerden, was ihn bedrückt, diese krausen Gedanken aus seinem Kopf verscheuchen. Bevor die Fremde kam, war alles klar und einfach. Walfang war eben Walfang. Darüber hat er nie nachgedacht. Aber jetzt weiß er nicht mehr, was richtig und falsch ist.

Die beiden Jungen rücken näher heran. »Wer soll abhauen? Los, sag schon.«

Manuel macht ein unauffälliges Zeichen zu der Frau hin. »Die bringt hier alles durcheinander«, flüstert er.

Die beiden Jungen sind groß und stämmig. Einer heißt Tonio, der andere ist Chico aus seiner Klasse. Manuel fühlt sich zwischen ihnen wie – na ja, wie ein Winzling eben. Aber er will auch groß sein, wenn nicht in Zentimetern, dann anders.

»Dein Vater kann seinen Lastwagen bald verkaufen«, sagt er zu Chico.

»Spinnst du?«, antwortet der. »Wovon sollen wir dann leben?«

»Das musst du sie fragen.« Manuel blickt zum Tisch des Comandante. »Sie ist von Beruf Walschützerin. Habt ihr so etwas schon mal gehört? Na bitte, dann wisst ihr auch, warum sie dort sitzt. Wenn der Comandante die Station dichtmacht, braucht dein Vater auch keine Tranfässer mehr zu transportieren.«

»Quatsch! Glaubst du etwa an das dumme Gerede?« Chico richtet sich zu seiner vollen Länge auf und spuckt auf die Straße. »Sobald sie abgereist ist, läuft hier alles weiter wie bisher. Verlass dich drauf.«

Manuel wiegt vielsagend den Kopf. »Da ist einiges im Gang. Ich bin nicht blöd und ich habe scharfe Ohren.«

Die beiden staunen. »Hast du was mitgekriegt, gestern auf der *Vedetta*?«

»Hm.« Manuel sieht verschwörerisch erst Tonio, dann Chico an. »Darüber kann ich jetzt nicht reden. Der Comandante wüsste sonst sofort, woher das kommt. Aber ich verspreche euch, ihr seid die Ersten, die etwas erfahren, wenn die Sache reif ist. Ich habe da nämlich meine Quelle.«

»Mensch, Manu!« Tonio legt ihm einen Arm um die Schulter.

»Du bist schwer in Ordnung«, sagt Chico. »Wir sind doch Freunde, oder?«

»Klar«, stimmt Manuel zu, »waren wir doch schon immer.«

Alle drei wissen, dass es nicht stimmt, aber sie lassen sich nichts anmerken.

Als Manuel an diesem Abend im Bett liegt, ist er glücklich und unglücklich zugleich. Tonio und Chico sind seine Freunde geworden und die geben sich wirklich nicht mit jedem ab. Mit zwölf ist er kein kleines Kind mehr, auch wenn man das bei ihm nicht richtig sieht. Aber alle im Dorf spüren das und behandeln ihn wie einen Großen. Das macht Manuel glücklich.

Wenn er ehrlich zu sich selbst ist, muss er zugeben, dass diese Veränderung überhaupt nichts mit seinem Geburtstag zu tun hat, sondern nur mit den Delphinen. Und als er jetzt an die Delphine denkt, fällt ihm gleichzeitig der Pottwal wieder ein, der ihn lange angesehen hat. Und nun fühlt Manuel sich unglücklich. Er wünscht sich, dass bald Schluss ist mit dem Gemetzel auf dem Meer. Er ist nicht

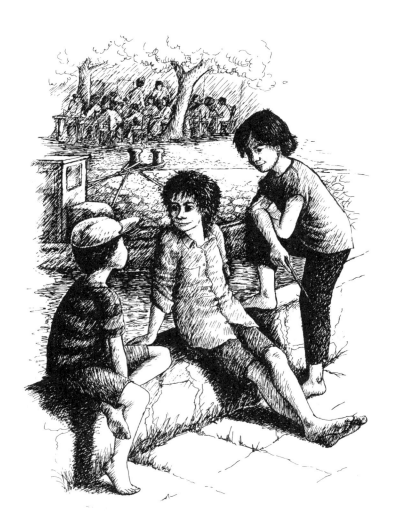

mehr stolz auf Vater, so wie früher. Und auf Carlos hat er eine Mordswut. Am liebsten würde er sich heimlich zu den Fangbooten schleichen, alle Lanzen und Harpunen herausholen und ins Meer werfen. Wenn er so viel Mut hätte! – Manuel wälzt sich von einer Seite auf die andere. Ihm ist heiß unter der Bettdecke. – Man würde ihn bestimmt erwischen und verprügeln. Das ganze Dorf hätte anschließend was zu lachen.

Aber so ein bisschen angeben und vor Chico und Tonio behaupten, er wüsste mehr als alle andern, dabei lacht keiner.

Das ist auch nicht anders als bei Großvater, der allen Leuten erzählt, ein Wal hätte sein Bein zwischen den Zähnen gehabt. Wie hat er Großvater deswegen bewundert! Und nun bewundern ihn Tonio und Chico. Genau das ist es, denkt Manuel, jeder will mal ganz groß herauskommen. Aber meistens steckt gar nicht viel dahinter.

6. Kapitel

Luis-Alberto kennt ein Geheimnis. Manuel macht klar
Schiff und die Fremde kommt auch mit

Die »Quelle«, mit der Manuel vor Chico und Tonio
geprahlt hat, ist natürlich Luis-Alberto. Baleia-Petra und er
stecken unter einer Decke. Das weiß jeder im Dorf. Man
sieht sie zusammen am Hafen, an der Walfangstation oder
auf dem Weg zum Haus des Comandante. Sie sprechen
Deutsch miteinander. Das versteht keiner in Caniçal. Es
nützt deshalb nichts, wenn man unauffällig in ihrer Nähe
herumschleicht um wenigstens ein paar Sätze aufzu-
schnappen.

Die meisten Leute im Dorf denken wie Großvater. Der
Comandante gibt den Walfang nicht auf, bloß weil eine
Studierte aus Deutschland etwas dagegen hat. Eine
Fremde, kaum älter als Theresa, die Tochter des Coman-
dante, die hat hier gar nichts zu bestimmen. Wozu also die
Aufregung?

Doch worüber der Comandante und Baleia-Petra reden,
das wüssten die Leute in Caniçal schon gern. Luis-Alberto
könnte wenigstens ein paar Andeutungen machen. Der ist
doch sonst nicht so stur.

Jeden Morgen sucht der Beobachter in den Bergen mit
einem Fernglas das Meer nach Walen ab. Wie immer. Die
Fangboote liegen bereit.

Jeden Morgen klappert Mutter in der Küche mit den
Töpfen und seufzt – wegen der Ahnungen.

Vater klopft im Schuppen die verbogene Harpune
zurecht und Carlos hat schlechte Laune, weil er den har-

ten Ackerboden auflockern muss. Walfang ist ihm lieber.

Aber die Wale sind selten geworden, das stimmt schon. Und immer häufiger ziehen nur noch Einzelgänger vorüber. Die Zeit der fetten Beute vor Madeiras Küste ist vorüber. Das weiß jeder in Caniçal. Der Comandante sollte endlich auch eine moderne Flotte ausrüsten mit einer Trankocherei gleich an Bord und diesen Superkanonen auf jedem Fangschiff. Das ist teuer, klar. Aber für so ein Unternehmen kann man Geld von der Bank leihen. Es muss etwas geschehen und zwar bald. Das denken alle Walfänger in Caniçal.

Manuel besucht Luis-Alberto. Der alte Mann freut sich. Er sitzt unter einem Weidenbaum im Schatten und schaut auf die See. Manuel setzt sich zu ihm.

»Sie reden im Dorf«, beginnt er zögernd ein Gespräch.

»Lass sie nur. Die Leute reden immer.«

»Ja, schon – aber jetzt haben sie Angst, dass der Walfang eingestellt wird. Sie sagen, du weißt etwas.«

Luis-Alberto kichert. »Manuel, der Delphinreiter, Manuel, der Spion von Caniçal. Bist du nur deshalb gekommen?«

»Warum sagst du so etwas? Das ist gemein!« Manuel springt von der Bank auf. Er schämt sich, weil Luis-Alberto ihn durchschaut hat. Er kann den alten Mann nicht ansehen und die Ohren werden ihm ganz heiß. Trotzig stößt er zwischen den Zähnen hervor: »Ich will ja, dass der Walfang aufhört, aber das kann ich nur dir sagen. Die andern würden doch gleich über mich herfallen. ›Guck mal, der Feigling da! Unser kleiner Manuel hat Angst um die Wale.‹ Weißt du, wie das ist, Luis-Alberto? Ich bin kein Feigling. Und Freunde will ich auch haben. Kannst du das denn nicht verstehen?«

»Ich verstehe dich gut«, sagt der alte Mann ruhig. »Komm, setz dich wieder zu mir. – Die Leute hier leben vom Walfang. Sie können sich gar kein Mitleid leisten. Und du, als Sohn aus einer Walfängerfamilie, wirst überall auf Ablehnung stoßen, wenn du sagst, was in dir vorgeht. Man muss stark sein um so etwas aushalten zu können. Glaub mir, ich weiß, wovon ich rede. Sooft ich meine Meinung sage, grinsen die andern. Hinter meinem Rücken tippen sie sich gegen die Stirn und flüstern: ›Der alte Spinner!‹ Sie denken vielleicht, ich höre es nicht. Aber meine Ohren sind noch gut.«

»Macht dir das nichts aus, wenn die Leute im Dorf über dich tuscheln und grinsen?«, fragt Manuel bewundernd.

Luis-Alberto seufzt. »Wer hat das schon gern! Manchmal muss man aber die Wahrheit sagen, auch wenn sie noch so unbequem ist. Vieles begreift man leider erst richtig, wenn man schon alt ist. Dann bleibt einem nicht mehr viel Zeit. Deshalb kann ich keine Rücksicht darauf nehmen, was die andern über mich denken.«

»So wichtig sind dir die Wale?«, fragt Manuel.

»Wir dürfen sie nicht ausrotten. Sie sind ein Teil der Meere. Sie gehören zu dieser Welt wie Berge, Wälder, Flüsse, wie Vögel und Fische, wie alle Tiere auf dem Land, in der Luft, im Wasser. Das müssen auch die Walfänger in Caniçal begreifen.«

»Und der Comandante?« Manuel sieht unsicher zu Luis-Alberto auf. »Sagst du ihm das auch?«

»Er weiß das längst und er macht sich seine Gedanken. Aber er fühlt sich nun mal verantwortlich für beide, für die Wale und die Walfänger.«

»Was meinst du damit?«

»Das wirst du bald erfahren. Schluss jetzt mit dem

Gerede über Walfang. Warum bist du gekommen? Doch nicht nur um mich zu sehen.«

»Na ja, nicht nur.« Manuel druckst herum. »Du ... du hast doch ein Boot und da wollte ich mal hören...«

»Mein Boot? Das verkaufe ich nicht und das verleihe ich auch nicht«, sagt Luis-Alberto unfreundlich. »Von den Fischern sind einige ganz scharf darauf. Aber das gebe ich nicht her.«

»Dann eben nicht. Ich habe ja nur mal gefragt.« Manuel stützt den Kopf trotzig in die Hände und blickt aufs Meer.

»Was willst du überhaupt mit einem Boot? Du kannst noch gar nicht damit umgehen.«

»Och, da finde ich schon jemanden, der mir hilft.«

Luis-Alberto runzelt die Stirn. »Willst du angeln?«

Manuel schüttelt den Kopf.

»Vogeleier auf den Desertas klauen?«

Manuel schüttelt noch immer den Kopf.

»Ja, was denn?«

»Ich möchte die Delphine wieder sehen«, gibt Manuel ein wenig verlegen zu. »Neulich bei dem Sturm waren sie auf einmal da, wie ein Spuk oder als ob ich das geträumt hätte. Ich konnte sie gar nicht richtig sehen vor Aufregung und wegen der hohen Wellen. Gestern haben einige Fischer Große Tümmler beobachtet, gar nicht weit von hier. Vielleicht waren das meine Delphine. Ob die mich wohl wieder erkennen? Was meinst du?«

»Die Tümmler können überall sein«, gibt Luis-Alberto zu bedenken. »Ein Delphin im Meer ist wie eine Nadel im Heuhaufen.« Er kneift die Augen zusammen und wiegt den Kopf hin und her. »Aber...«

Manuel beobachtet ihn von der Seite und wartet, dass er weiterredet.

»...aber die Sänger. Hm, richtige Zeit jetzt.« Luis-

Alberto ist ganz vertieft in seine Gedanken. »Wäre auch was für Petra.«

»Ich verstehe kein Wort.« Manuel tippt Luis-Alberto auf den Arm. »Wovon redest du?«

»Komm!« Der alte Mann stützt sich auf Manuels Schulter und steht auf. »Wir machen klar Schiff. Du musst mir tüchtig dabei helfen. Allein schaffe ich es nicht mehr.«

»Und dann darf ich doch damit los? Du leihst mir dein Boot?« Manuel freut sich. »Ich frage Carlos, ob er mitfährt. Mein Bruder hat schon öfter ein Steuer in der Hand gehalten.«

»Aber nicht bei mir. An mein Boot lasse ich keinen ran. Nichts zu machen.«

Manchmal ist Luis-Alberto wirklich störrisch wie ein Esel. So hat Manuel sich das nicht gedacht. »Erst schrubben und dann?«, fragt er.

Luis-Alberto grinst und alle Runzeln grinsen mit. »Morgen ist Sonntag«, sagt er. »Da gehen die Fischer in die Kirche oder ins Wirtshaus. Der Comandante geht auch in die Kirche oder ins Wirtshaus und der Ausgucker steht nicht in den Felsen. Am Sonntag ist Ruhetag in Caniçal. Nur so ein alter Spinner wie ich und so ein heimlicher Walfreund wie du fahren da auf die See hinaus. Petra nehmen wir auch mit. Aber sonst darf niemand wissen, was wir vorhaben.«

Manuel freut sich. Mit Luis-Alberto auf See – das ist viel besser als Carlos dabeizuhaben. »Dann sehen wir die Tümmler vielleicht doch«, meint er hoffnungsvoll. »Du kennst dich auf dem Meer besser aus als sonst jemand. Das sagen alle im Dorf, sogar Großvater, obwohl der nicht gerade gut auf dich zu sprechen ist. Wann geht's denn los?«

»Am Morgen natürlich«, sagt Luis-Alberto.

»Prima! Um zehn gibt es sonntags bei uns Frühstück. Danach hole ich dich ab. Einverstanden?«

Luis-Alberto guckt ganz entsetzt. »Um zehn? Da ist ja der Tag schon fast rum! Wir starten, wenn die Sonne aufgeht.«

»So früh? Muss das denn sein?«

»Wunder, mein Junge, erlebt man am Morgen, solange die Welt noch frisch und still ist. Für Langschläfer ist das Verborgene nicht geschaffen.«

Manuel blickt den alten Mann verständnislos an. »Luis-Alberto, kannst du nicht mal deutlicher werden! Was für Wunder?«

»Verrate ich nicht. Lass dich überraschen.« Luis-Alberto zwinkert vergnügt mit einem Auge. »Ich kenn ein Geheimnis, irgendwo da draußen.« Er zeigt aufs Meer. »Komm jetzt, wir haben eine Menge Arbeit. Und Proviant müssen wir auch einkaufen. Also los.«

Das kleine Motorboot von Luis-Alberto ist in diesem Frühling noch nicht gebraucht worden. Und so sieht es auch aus. Die Scheiben am Steuerhaus sind verkrustet vom Salz der See. Rost, Dreck und Regenwasser haben sich angesammelt. Der Treibstoff ist ausgegangen. Der Motor muss geölt werden.

Chico und Tonio stehen an der Hafenmole und amüsieren sich darüber, wie Manuel schuftet. Sie prusten vor Lachen.

Manuel schaut gar nicht hin. Er weiß auch so, über wen sie ihre blöden Witze reißen. Als er Schmierfett holen muss, bleibt er bei den beiden stehen.

»Da tut sich was«, flüstert er. »Was meint ihr wohl, warum der Alte sein Boot klarmacht?«

»Keine Ahnung. Aber du wirst es uns verraten«, befiehlt Chico. »Komm, spuck's aus.«

»Morgen findet ein Geheimtreffen auf See statt. Die Deutsche ist auch dabei und ich fahre als Schiffsjunge mit.«

Tonio quiekt wie ein Ferkel, was wohl ironisch klingen soll. »Morgen ist zufälligerweise Sonntag, mein Schiffsjunge. Da findet gar nichts auf dem Meer statt.«

»Besonders helle im Kopf bist du nicht gerade«, stichelt Manuel zurück. »Ich sagte Geheimtreffen, falls du dich erinnern kannst. Deshalb findet es am Sonntag statt und außerdem weit weg.«

»Wer trifft sich denn dort?«, erkundigt sich Chico.

»Frag doch 'nen Hellseher, wenn du einen kennst. Ich habe nur ein paar Andeutungen aufgeschnappt. Jedenfalls hat es etwas mit Walen zu tun. Die Deutsche war gestern wieder beim Comandante. Luis-Alberto hat gesagt, es fällt bald eine Entscheidung. Diese Fahrt morgen hängt damit zusammen. Es geht schon um fünf Uhr in der Frühe los. Oder haltet ihr das für einen Sonntagsausflug für Feriengäste?«

»Bestimmt nicht, Kleiner. Entschuldigung, Manuel wollte ich selbstverständlich sagen.« Tonio pfeift beeindruckt durch die Zähne. »Wenn ihr einen Hafen anlauft, dann merk dir den Namen. Frag den alten Spinner, was geredet wird, wenn du es nicht verstehen kannst. Pass gut auf.«

»Ihr braucht mich nicht wie ein Baby zu behandeln.« In Manuel steigt die Wut hoch. »Ich weiß selber, was ich zu tun habe.« Er dreht sich um und geht schnell die Straße hoch.

»Wir sind doch Freunde«, ruft Tonio hinter ihm her. Chico rennt ihm sogar nach. »Echt, du bist Klasse. Tonio ist ein Doofkopp. Ärgere dich nicht über den. Wenn du was hörst, dann komm gleich zu mir, ja?«

Manuel lässt sich nicht mehr aufhalten. Luis-Alberto

wartet auf das Schmierfett und der Proviant muss auch noch eingekauft werden.

Am Abend kommt Manuel ziemlich verdreckt nach Hause. Ein Boot klarzumachen ist schließlich keine Kleinigkeit. Die Stimmung in seiner Familie ist gereizt. Kein Wal lässt sich blicken. Die Kühe kommen nicht aus dem Stall. Die jungen Gemüsepflanzen im Garten müssen gewässert werden, aber Manuel treibt sich im Dorf herum ohne zu helfen.

»Wo hast du den ganzen Nachmittag gesteckt?«, empfängt ihn Mutter. Sie stemmt die Hände in die Hüften. »Wie siehst du überhaupt aus?«

»Ich habe Luis-Alberto geholfen.«

»Hat er etwas gesagt?«, fragt Großvater und kommt eilig angehumpelt.

»Klar hat er etwas gesagt. Oder glaubst du, wir haben uns nur schweigend angestarrt?«

»Sei nicht so frech!«, schimpft Mutter. »Du nimmst dir reichlich viel heraus in letzter Zeit. Du weißt genau, was Großvater meint.«

»Er hat sein Boot in Ordnung gebracht. Morgen fährt er mit Baleia-Petra an einen geheimen Platz. Ich soll auch mitkommen.«

»Aufs Meer hinaus?«, empört sich Mutter. »Das könnte dir so passen! Kommt gar nicht in Frage. Du bleibst hier.«

»Manuel fährt mit«, widerspricht Großvater. »Wenn Luis-Alberto sein Boot rausholt, hat das was zu bedeuten. Der hat die Finger doch viel mehr im Spiel, als wir alle ahnen. Vielleicht kommt Manuel dahinter, was der Comandante für die Zukunft plant und warum die Deutsche noch immer hier ist.«

Mutter macht sich mit einem Schwall heftiger Worte Luft. Aber die Sache ist entschieden. Manuel darf mitfahren.

7. Kapitel

Das Meer kocht. Manuel sieht einen Wal mit Pickeln im Gesicht und Luis-Alberto hört die Geister singen

Als die drei am anderen Morgen an Bord gehen, bemerkt das nur eine Katze. Sie macht einen Buckel und sträubt die Nackenhaare, als seien ihr solche Sonntagsfrühaufsteher unheimlich. Manuel ist noch ganz dösig im Kopf. Dauernd muss er gähnen. Baleia-Petra sieht auch nicht gerade munter aus. Frierend lehnt sie am Steuerhaus und trinkt Kaffee aus einer Thermosflasche.

Ob ihr wohl bekannt ist, wohin die Fahrt geht? Oder hat dieser alte Geheimniskrämer sie auch nur mit seinen komischen Andeutungen aus dem Bett gelockt? Ein Wunder, aber nicht für Langschläfer! Wenn es um Wale geht, benimmt Luis-Alberto sich wirklich seltsam. Und dann hat er auch noch so was wie eine Geheimsprache mit der Fremden. Da muss man ja misstrauisch werden. Manuel gähnt.

Luis-Alberto scheint keine Probleme mit dem Frühaufstehen zu kennen. Überhaupt, was der sich noch zutraut! Er kann die Beine kaum heben, ist dürr und krumm, aber das Steuer hat er fest im Griff mit seiner einen Hand. Er brummt leise vor sich hin. Hört sich an, als ob er singt. Manuel kann es beim Geräusch des Motors nicht genau feststellen.

Bald ist sicher, dass sie nicht Kurs auf die Desertas nehmen, wo die Fischer Delphine gesehen haben. »Luis-Alberto, was hast du vor?«

»Warte es ab! Ich habe nicht vergessen, dass du die

Tümmler suchst. Aber die können überall sein. Wenn sie vorgestern bei den Felsen waren, sind sie es heute bestimmt nicht mehr. Wale sind ständig auf Wanderschaft. Von den großen schwimmen einige im Herbst vom Eismeer bis zum Äquator. Um die halbe Welt. Und im Frühjahr dieselbe Strecke zurück. Grauwale bewältigen jedes Jahr zwanzigtausend Kilometer. Na, wenn das keine Leistung ist! Delphine machen sich dagegen das Leben einfach. Sie bleiben immer in den gemäßigten Zonen. Das bedeutet aber nicht, dass sie sich nur zwischen den Desertas und dem Hafen von Caniçal tummeln.«

Manuel ist enttäuscht. »Alle sagen, dass du dich auf dem Meer auskennst. Ich schrubbe dein Boot wie ein Verrückter und jetzt erzählst du mir, dass wir die Tümmler doch nicht finden.«

»Junge, was stellst du dir vor? Glaubst du, ich brauche nur auf den Fingern zu pfeifen und schon kommen sie angesprungen? Der einzige Platz, an den Wale jedes Jahr zurückkehren, ist ihr Paarungsgebiet, egal, wie weit sie sich davon entfernen. Fast auf den Tag genau kommen sie an und fast auf den Tag genau ziehen sie auch wieder fort. Wenn du so einen Platz kennst...«

»Was dann?«, fragt Manuel.

»Dann kannst du dich dort mit ihnen treffen.«

Tolle Aussichten! Und dafür bin ich noch vor den Hühnern aus dem Bett gekrochen, denkt Manuel. Er hockt sich neben das Steuerhaus, zieht die Beine an und legt den Kopf auf die Knie. So kann er noch ein bisschen träumen. Auch Petra hat es sich bequem gemacht.

Die Sonne kommt heute nicht so recht hinter den Wolken hervor. Es bleibt kühl. Zwei Stunden sind sie bestimmt schon auf dem Wasser. Als Manuel sich mal kräftig reckt, sieht er zu seinem Erstaunen eine Insel.

»Verrätst du mir wenigstens, wo wir hier sind, oder gehört das auch zu deinem Geheimnis?«

»Das ist Porto Santo«, gibt Luis-Alberto bereitwillig Auskunft. »In alten Zeiten sollen hier Piraten ihre Schätze versteckt haben.«

Manuel hat schon von dieser Insel gehört und er kennt auch Seeräubergeschichten. Aber auf Porto Santo war er noch nie. Will Luis-Alberto etwa hier an Land gehen, vielleicht auf Schatzsuche? – Warum nicht! Der Gedanke macht Manuel Spaß. Aber Schatzsuche steht wohl doch nicht auf dem Programm. Sie steuern an der Insel vorbei. Um sie herum ist bald nur noch der weite Ozean, kein Schiff und auch kein Land mehr, nicht einmal in der Ferne. Ohne einen erkennbaren Grund schaltet Luis-Alberto den Motor ab und lässt das Boot nur noch treiben.

Die Stille wirkt auf Petra wie ein Wecker. Sie kommt ins Steuerhaus. Den ganzen Morgen hat sie kaum etwas gesagt, aber nun ist sie nicht mehr zu bremsen.

Was ist denn auf einmal los?, überlegt Manuel. Die beiden mit ihrer Geheimsprache! Es macht ihn ganz kribbelig, dass er kein Wort versteht. Er kommt sich überflüssig vor und das ist ein ziemlich mieses Gefühl.

»Zum Putzen bin ich gut«, mault er laut genug, dass Luis-Alberto ihn hören kann, »aber jetzt störe ich wohl. Warum habt ihr mich überhaupt mitgenommen?«

Petra hat bestimmt kein Wort verstanden, trotzdem scheint sie zu ahnen, was in Manuel vorgeht. Sie legt ihm eine Hand auf die Schulter und zeigt mit der andern auf ein Gekräusel an der Wasseroberfläche, etwa fünfzig oder sechzig Meter entfernt.

Merkwürdig! Da steigen Blasen auf, die einen Ring bilden. Mitten in dieser eintönigen Wasserfläche ein Kreis aus Blubberblasen.

»Ist hier ein Vulkan unter Wasser?«, fragt Manuel, »oder ein Urstrudel?«

Unwillkürlich flüstert er, weil dieses Geblubber unheimlich wirkt. Manuel weiß nicht, ob es so etwas wie einen Urstrudel gibt. Er hat das Wort erfunden und stellt sich darunter einen ganz starken Sog vor, der Schiffe anzieht und dann mit solcher Gewalt in die Tiefe reißt, dass niemand entkommen kann. Er blickt zu Luis-Alberto und Petra. Die sehen nicht besorgt aus. Beide starren auf diese seltsame Naturerscheinung. Auch Manuel schaut wieder hin. Er kann gar nicht anders.

Das Wasser scheint zu kochen. Aber kein Dampf steigt auf. Der Blubberblasenring verändert sich. Er wird enger, immer enger, wie eine Spirale. Eine brodelnde Wasserspirale mitten im Meer. Plötzlich schiebt sich ein gewaltiger, weit geöffneter Rachen aus der Tiefe empor und schlürft mit einem Schluck die Blasen und alles, was dazwischen ist, in sich hinein.

Ein Wal! Manuel ist ganz sicher, obwohl der sich mit keinem Blas vorher verraten hat. Aber was für einer? Er hat weder einen Kastenkopf wie der Pott noch ist er klein und glatt wie die Tümmler. Ein Seiwal vielleicht? Nein, der sieht auch anders aus. Dieser Riese hat einen flachen, länglichen Kopf, wirkt fast ein bisschen zusammengedrückt. Und Pickel hat er im Gesicht, ziemlich dicke sogar. An seiner Kehle kann Manuel lange Furchen erkennen, während sich das Großmaul auf die Seite legt bei seinem Superschluck. Nun klappt er die Kiefer wieder zusammen. Dabei sprudelt und schäumt das Wasser in solchen Massen seitlich durch die Fransen seiner Barten, dass Luis-Albertos Boot zu schaukeln beginnt. In den aufgewühlten Fluten verschwindet der Wal wieder so lautlos, wie er aufgetaucht ist.

Petra lacht. Mit Luis-Albertos Hilfe erklärt sie Manuel: »Das ist ein Buckelwal. Hast du die kleinen Beulen und Huckel bemerkt?«

Manuel nickt.

»Buckelwale sind ganz besonders vom Aussterben bedroht. Sie wandern oft in Küstennähe. Man braucht sie nur in eine Bucht zu treiben und dort kann man sie dann in aller Ruhe abschlachten.«

»Und dieses Gebrodel?«, will Manuel wissen. Das beunruhigt ihn noch immer, obwohl es jetzt aufgehört hat.

»Die Buckelwale können mit der Nase unter Wasser eine Art Stellnetz aus Luftblasen bilden. Fischchen, Krebse und andere kleine Lebewesen fühlen sich dadurch bedroht. Sie drängen sich an der Oberfläche zusammen. Der Buckelwal zieht das Netz immer enger und wie aus einer Suppenschüssel schlürft er dann die Mahlzeit ein. Das Wasser ist ihm zu viel. Deshalb spuckt er es wieder aus. Aber die zahllosen kleinen Lebewesen, die man alle zusammen Plankton nennt, bleiben in den Barten hängen. Die schluckt der Wal dann runter.«

»Von diesem winzigen Gekribbel und Gekrabbel kann doch unmöglich so ein Riese satt werden«, wundert sich Manuel. »Frisst der Buckelwal auch große Fische oder Kraken?«

»Nein, nie. Kraken holen sich vor allem die Pottwale«, antwortet Petra. »Es ist wirklich kaum vorstellbar, aber die größten Tiere der Welt, nämlich die Bartenwale, die alle zwischen zehn und dreißig Meter lang werden, ernähren sich überwiegend von Plankton. Manche von ihnen mögen auch kleine Schwarmfische.«

»Da müssen sie sich aber anstrengen, bis sie den Bauch voll haben«, meint Manuel.

»Mich erstaunt das auch immer wieder«, sagt Luis-

Alberto. »Kein Lebewesen ist so friedlich wie diese Riesen. Alles Kämpferische ist ihnen fremd. Selbst bei der Nahrungssuche begnügen sie sich mit dem, was tonnenweise um sie herumschwimmt.«

»Aber einen Wal gibt es, der ist alles andere als sanft oder friedlich«, sagt Manuel, »nämlich der Killerwal.«

Darüber muss Petra lachen. »Meinst du etwa diesen hübschen schwarz-weiß gefleckten Burschen? Nenne ihn lieber Schwertwal. Der Name passt besser zu ihm. Seine dreieckige Rückenflosse erinnert ein wenig an das Schwert eines Segelschiffes.«

»Der greift sogar andere Wale an und reißt ihnen mit seinen scharfen Zähnen die Zunge heraus«, ereifert sich Manuel. »Mein Vater hat es gesehen, als er vor zwei Jahren einen Zwergwal harpuniert hat. Da kam so ein Killer und hat ganz gemein zugebissen.«

Petra schüttelt heftig den Kopf. »Ein Killer oder Mörder tötet aus Rache oder Habgier. So ein Verhalten gibt es bei Tieren nicht. Unter den Menschen findest du Killer – Walkiller zum Beispiel. Je größer und kräftiger ein Tier ist, umso freudiger feuern sie ihre Harpunen ab. Denn jede Tonne Tran bringt Geld ein. Der Schwertwal mit seinen scharfen Zähnen dagegen ist eher ein Gesundheitspolizist. Er tötet schwache, alte und kranke Tiere. Auch die Jungen müssen lernen sich vor ihm zu hüten. Aber das ist kein Mörderverhalten. Es ist nur seine Art sich zu ernähren und seine Aufgabe. Denn damit sorgt er dafür, dass die gesunden, starken Tiere erhalten bleiben und die schwachen, unvorsichtigen ausgesondert werden. Und da er nicht menschenscheu ist, holt er sich auch mal ein Stück von einem eben erbeuteten Wal.«

Manuel seufzt. Diese Petra sieht alles anders als die Walfänger. Es leuchtet zwar ein und Luis-Alberto ist mal wieder ihrer Meinung. Aber von dem heißt es ja auch, er sei ein alter Spinner.

»Er ist der Schönste und genauso ein komischer Kerl wie die übrige Walverwandtschaft«, sagt der alte Mann. »Ich habe noch nie gehört, dass er Menschen angreift.«

Manuel will das nicht glauben.

»Er ist wirklich harmlos«, bestätigt Petra. »Ich bin selber schon mit einem Schwertwal durch ein Becken geschwommen. Er dachte gar nicht daran, mich zu beißen. Er hat mit mir gespielt, obwohl vor mir noch kein Mensch mit ihm geschwommen ist. Allerdings würde ich das nicht wagen, wenn sich ein Schwertwal in Todesgefahr befindet. Die Sanftmütigkeit der großen Bartenwale ist nun doch nicht seine Art. Er greift zwar keine Menschen an, das ist bekannt, aber er würde sich wehren, wenn er einen Menschen als Feind erkennt. Ich finde, das ist ein großer Unterschied.«

Die kann viel erzählen, denkt Manuel. Niemand aus Caniçal würde mit einem Wal schwimmen, schon gar nicht, wenn der scharfe Zähne und so einen schlechten Ruf hat. »Zu den Delphinen würde ich mich auch ins Wasser trauen«, sagt er, »vor denen habe ich keine Angst. Aber zu einem Schwertwal – niemals.«

»Wo ist dabei der Unterschied?«, fragt Petra. »Schwertwale gehören ebenfalls zur Familie der Delphine, genau wie die Großen Tümmler. Sie sind auch so neugierig, verspielt und menschenfreundlich wie deine Retter.«

»Schwertwale sind Delphine?« Das hat Manuel nicht gewusst. Trotzdem hat er auch jetzt noch Zweifel. »Warum nennt man sie dann Killer oder Mörder? Das muss doch einen Grund haben.«

»Hat es auch«, erklärt Petra. »Wir Menschen mögen nicht zugeben, dass wir die einzigen Lebewesen sind, die aus Gewinnsucht handeln. Deshalb unterstellen wir manchen Tieren böse und heimtückische Eigenschaften. Wir nennen sie Killerwale, Mörderbienen, Raubvögel, Bestien. Aber wer diese Tiere einmal beobachtet und sich ein wenig mit ihnen vertraut macht, stellt schnell fest, dass ihr Verhalten nicht zu diesen Schimpfnamen passt.«

Luis-Alberto wird ungeduldig. »Jetzt will ich euch aber endlich mein Geheimnis verraten. Ich habe diese Stelle, an der sich die Buckelwale paaren, schon vor vielen Jahren durch einen Zufall entdeckt. Bisher habe ich niemanden mit hierher genommen. Der Ausgucker von Caniçal kann mit seinem Fernglas nicht so weit schauen. Was für ein Glück!« Er lacht verschmitzt. »Aber nun wollen wir mal hören, ob sie singen.«

»Wer?«, fragt Manuel.

»Na, die Wale«, antwortet Luis-Alberto. »Hast du noch nie etwas von singenden Walen gehört?«

»Nein, will ich auch nicht«, protestiert Manuel. »So einen Quatsch kannst du andern Leuten erzählen.«

»Das ist kein Quatsch«, entrüstet sich Luis-Alberto. »Als Kind habe ich schon davon gehört. Damals hatte ich ein Buch mit Seefahrergeschichten aus alter Zeit. Von Segelschiffen wurde darin erzählt, die im Sturm zerschellten, und von Männern, die im Eis eingeschlossen waren. Eine dieser Geschichten handelte von einem Schiffsjungen, so alt wie du, der nachts die Wassergeister singen hörte. Er drückte sein Ohr fest gegen die Bordwand und vernahm sonderbare Gesänge. Heute weiß ich, dass er nicht Gespensterstimmen hörte, sondern das Lied der Wale.«

»Gruselgeschichten habe ich auch ein paar auf Lager. Damit brauchst du mir nicht zu kommen.« Manuel spuckt verächtlich über Bord. »An Geister glaube ich schon lange nicht mehr.«

»Umso besser«, meint Luis-Alberto. »Leider habe ich kein Unterwassermikrofon, aber es klappt auch ohne diesen neumodischen Kram. Machen wir es einfach wie der Schiffsjunge in meinem Buch.«

Etwas zittrig geht der alte Mann in die Knie und legt sich dann auf den Bauch. Petra macht es ihm doch tatsächlich nach.

»Was ist denn nun los? Wollt ihr schlafen?« Manuel kann sich ein paar alberne Bemerkungen nicht verkneifen. »Ist es auch schön gemütlich da unten?«

»Nun sei endlich still.« Luis-Alberto wird ärgerlich. »Man hört nur dein dummes Gequassel.«

Das muss ich Chico und Tonio erzählen, denkt Manuel. Luis-Alberto und Baleia-Petra schnuppern an den Bootsplanken um die Wale singen zu hören. Also, jetzt spinnen sie wirklich.

Die beiden rühren sich nicht. Ganz steif liegen sie da und kriegen so etwas Andächtiges in den Blick. Die sollen ihm bloß nichts vormachen! Das Wasser rauscht und gluckert, ganz klar. Aber Geister und singende Wale – Manuel hält sich die Hand vor den Mund. Er platzt fast vor unterdrücktem Gekicher.

Petra gibt ihm ein Zeichen. Er soll sich auch hinlegen. Manuel verdreht die Augen. Na schön. Bevor Luis-Alberto wieder von seinem Geheimnis faselt und diese Studierte das dann auch noch wissenschaftlich erklärt, will er sich lieber selber überzeugen. Trotzdem kommt er sich blöd vor, so ausgestreckt auf den Holzplanken. Zu hören ist nur ein Plätschern.

Manuel schaut zu Petra. Sie drückt ein Ohr gegen den Boden und hält das andere zu. Manuel macht es ihr nach. Und jetzt hört er wirklich etwas. Aber von wegen Wale! Das Boot knarrt wie die Tür von Großvaters Kammer. Das

Knarren bricht ab und ein seltsames Stöhnen und Husten beginnt. Solche Laute macht nun aber doch kein Boot. Dann ein lang gezogener Klagelaut, dazu ein Pfeifen und wieder Knarren. Für einen Augenblick ist es still. Dann klagt und quietscht es unter Wasser, mal lang gezogen, mal kurz, unterbrochen von Husten und Dröhnen. Dumpfe und helle Töne wechseln, verstummen, schwellen an. Es klingt gruselig und lieblich zugleich, sanft, schrill, polternd. Wie soll man das bloß nennen? Und dann ein Knall, so hart, so ohrenbetäubend, dass Manuel aufspringt, weil er meint, das Boot sei explodiert.

Aber was da geknallt hat, war nicht das Boot, sondern ein Buckelwal, der mit seinen Flippern aufs Wasser brettert. Er hat besonders große Brustflossen und wie man damit Krach schlagen kann, macht er Manuel gleich noch einmal vor. Ganz flach springt er vorwärts und wedelt mit den Flippern, als ob er fliegen will und doch nur Bauchplatscher zu Stande bringt. Dann bläst er und taucht sofort danach weg. Steil drückt er die Fluke hoch, so dass Manuel die weiße Unterseite sehen kann.

Der Wal taucht nicht tief. Er spielt im Wasser, stößt seinen birnenförmigen Blas gut einen Meter hoch und klatscht wieder mit den Flippern, dass es nur so kracht. Ein zweiter Buckelwal taucht auf. Erst streckt er nur den Kopf heraus, als wollte er mal sehen, was da oben los ist. Ihm scheint zu gefallen, was er sieht. Er schnellt hoch und macht einen Salto rückwärts. Und sofort zeigt der Krachmacher, dass er das auch kann. Trotz seiner Länge von mehr als zwölf Metern springt er mühelos durch die Luft, den Bauch zum Himmel gestreckt. Der Partner ist noch um ein paar Meter größer. Die beiden toben im spritzenden Wasser. Es ist ein kraftvolles Spiel, vielleicht ein Balzen, ein Kräftemessen oder einfach nur Ausdruck von Wohlbefinden.

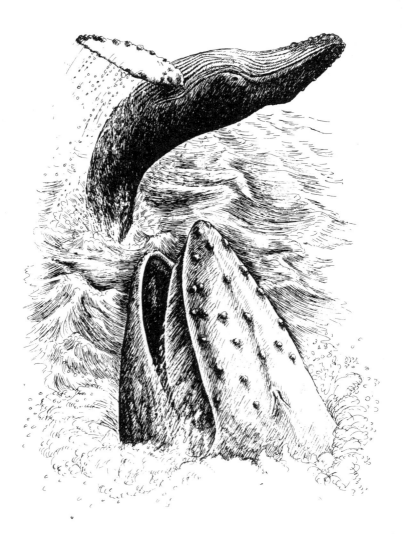

Manuel schaut ihnen zu. Er muss wieder an den Pottwal denken, den Vater harpuniert hat, und an den Haufen Aas, der davon übrig blieb.

Und jetzt fragt er Petra etwas, was ihm schon seit mehreren Tagen durch den Kopf geht: »Können sich die Walfänger nicht darauf einigen, jedes Jahr nur ein paar Wale zu fangen? Dann sterben wenigstens nicht alle aus.«

Petra hält davon gar nichts. »Solche Verträge klappen nie«, übersetzt Luis-Alberto ihre Antwort. »Es gibt seit langem die ›Internationale Walfang-Kommission‹, die solche Regeln aufstellt. Jedes Jahr einigen sich die Vertreter der Walfangländer auf eine begrenzte Fangquote, die sie gemeinsam festlegen. Aber die Leute wollen nicht die Wale schützen, sondern viel Geld mit Tran verdienen. Deshalb waren die erlaubten Fänge in allen Jahren zu hoch. Und manche Länder haben sich noch nicht einmal daran gehalten. Die einzige Hilfe für die Wale ist ein absolutes, weltweites Fangverbot, wenigstens für zehn Jahre. Dafür setze ich mich ein.«

Manuel stimmt begeistert zu. »Wenn sie zehn Jahre in Ruhe gelassen werden, vermehren sie sich ganz gewiss wieder. Aber was sollen die Fabriken in der Zeit machen?«, fragt er. »Die brauchen doch den Tran. Vor allem das Walrat, du weißt schon, dieses ganz feine Wachs, das nur der Pott in seinem dicken Kopf hat. Es ist durch nichts zu ersetzen. Wir haben in der Schule mal darüber gesprochen. Flugzeuge und Raketen werden mit Walrat versorgt, sonst laufen diese komplizierten Motoren heiß.«

»Vielleicht sterben dann auch die Raketen aus«, sagt Luis-Alberto. »So würde wenigstens mal etwas Schlechtes ausgerottet.«

»Es gibt längst Ersatz für den Tran«, sagt Petra.

»Aber nicht für Walrat«, beharrt Manuel. »Das ist ja das Schlimme.«

»Doch«, sagt sie. »Sogar in der Natur. Walrat ist durch das Öl der Jojobanüsse zu ersetzen. Das haben Wissenschaftler schon vor zehn Jahren herausgefunden.«

»Was für Nüsse? Gibt es die auch auf Madeira?«

»Nein. Die Jojobasträucher wachsen am Rand der amerikanischen Wüste. Es sind ganz anspruchslose Pflanzen. Ihre Früchte enthalten ein Öl, das dem Walrat sehr ähnlich ist. Die Indianer wussten diese Nüsse schon immer zu schätzen. Seit einigen Jahren werden in Kalifornien, Arizona, Mexico und auch in Israel Jojobas in Plantagen angebaut.«

Wieder klatscht ein Buckelwal aufs Wasser und der andere macht es nach. Sie lassen sich nicht stören durch das Boot in der Nähe. Sie halten Abstand, aber sie fliehen nicht.

Dieses Geknalle macht Manuel so viel Spaß, dass er nicht mehr zuhören kann. Wale sind wirklich komische Kerle, da hat Luis-Alberto schon Recht. Meisterschwimmer und Wasserakrobaten. Na, und dann noch dieser Schummer-Schauer-Quietsch-Choral!

Doch mit einem Mal ist Schluss. Einfach so. Die Wale springen und platschen nicht mehr. Ihr Blas entfernt sich. Es ist fast Mittag.

»Warum fahren wir ihnen nicht nach?«, fragt Manuel. »Vielleicht bauen sie noch einmal ihr Netz aus Blubberblasen oder singen ein bisschen.«

Luis-Alberto winkt ab. »Lass sie ziehen. Sie sind schneller als wir. Nächstes Jahr wieder – falls sie dann noch leben.«

8. Kapitel

Ein Brief sorgt für Aufregung. Manuel bleibt bei Luis-Alberto und auf ein paar Zentimeter kommt es nicht an

In Caniçal kennt jeder jeden. Die Männer fahren zusammen aufs Meer hinaus und die Frauen zum Marktplatz nach Machico. Gelegenheit zum Reden gibt es immer. Der Comandante ist zwar der Chef von der Walfangstation, aber was heißt das schon? In Caniçal sagt man Du zueinander, egal ob einer Chef ist oder Walfänger, Fischer, Schneiderin, Bäuerin, jung oder alt. Da gibt es keinen Unterschied. Man arbeitet miteinander und man redet miteinander. – Bis jetzt jedenfalls.

Nun ist da dieses Gerücht und der Comandante sagt nichts. Luis-Alberto sagt auch nichts. Die Fremde ist immer noch da und Manuel ist oft mit ihr zusammen. Der kleine Manuel, den Delphine vor dem Ertrinken gerettet haben. Eine sonderbare Geschichte.

Man kann glauben, was man will, aber als das mit dem Jungen und den Delphinen geschah, kam die Fremde. Der Comandante hat sie mit zum Fang genommen – eine Frau! Seitdem blasen keine Wale mehr vor der Küste. Tag um Tag vergeht und kein einziger Wal. Merkwürdig ist das schon.

Luis-Alberto fährt mit dem Jungen und der Fremden aufs Meer. An einem Sonntag! Und da hören sie die Wale singen. Seit Wochen kein Blas vor Madeira, aber hinter Porto Santo singen Wale. Und der Comandante sagt noch immer nichts. Na ja, da kann man denken, was man will.

Chicos Vater fährt täglich mit seinem Lastwagen nach

Machico, der nächstgelegenen Stadt. Auf dem Rückweg bringt er manchmal die Post für Caniçal mit. Heute war ein Brief aus der Hauptstadt dabei, an den Comandante. »Der Brief sah offiziell aus, amtlich sozusagen«, berichtet Chicos Vater im Dorf. Keiner kann sich darunter etwas vorstellen. Aber beunruhigend ist es auf jeden Fall.

Großvater humpelt durch die Küche. »Keine Wale, aber ein amtlicher Brief. Jetzt reicht's! Geh zum Comandante und rede mit ihm.«

Vater sitzt am Küchentisch. Mutter kommt mit einem Topf voll dampfender Suppe. »Das sage ich ihm schon seit Tagen«, unterstützt sie Großvater, »aber du siehst ja, er zieht sich mal wieder in sein Schneckenhaus zurück.«

»Wenn Vater nicht will, dann rede ich eben mit dem Chef«, mischt sich nun auch Carlos ein. »Wir brauchen Fangschiffe, mit denen wir tagelang auf See bleiben können. Dann kriegen wir auch die Wale, die an Porto Santo vorbeiziehen.«

Großvater, Mutter und Carlos sind sich einig und hacken auf Vater herum, als ob er schuld an allem sei.

»Nun sag doch endlich was!«, drängt Mutter.

Vater schöpft sich den Teller voll Suppe. »Was sollen wir mit neuen Booten? Lohnt nicht mehr. Es gibt kaum noch Wale. Der Comandante kann daran auch nichts ändern.«

Doch ehe die andern widersprechen können, schreit draußen jemand: »Baleia!« Wie zum Trotz.

Mutter lässt den Löffel sinken. Keiner bewegt sich mehr, keiner spricht ein Wort. Sie lauschen gespannt. Sollte das etwa ein Witz sein? Dreht da einer durch?

»Baleia! Baleia!«

Nein, das ist ernst. Sie blasen wieder! Carlos springt auf und saust los. Vater holt die speckige Mütze vom Haken neben der Haustür, die er nur noch zum Walfang aufsetzt. Mutter streicht hastig ein paar Brote. Das muss reichen. Die Suppe kann man am Abend aufwärmen.

Heute läuft sie selber zur Trankocherei. Kaum ist sie zur Tür hinaus, da hält es auch Großvater nicht mehr am Tisch. Was ist denn nur los? Er kennt doch dieses Geschrei und Gerenne, jeden Handgriff. Jahrelang war er selber dabei.

Manuel weiß genau, was Großvater will. Der Walfang soll weitergehen wie bisher. Manuel will das nicht. Er hockt vor seinem Teller. Der Appetit ist ihm vergangen. Verhungern, überlegt er, wieso eigentlich verhungern? Die Bananenplantage bringt doch Geld ein. Dazu das Gemüse und die beiden Kühe. Mutter redet immer vom Verhungern, aber sie sagt auch, dass Vater sich in sein Schneckenhaus verzieht. So ein Quatsch! Ein Mensch in einem Schneckenhaus, das darf man nicht wörtlich nehmen.

Vater ist nicht nur Harpunier, er kann auch Dächer ausbessern. Der Steuermann, der mit ihm im selben Boot fährt, hat einen Amboss. Er schmiedet Harpunen, aber auch Haken oder Gitter, und er beschlägt Pferde. Ein anderer Steuermann kann sehr schöne Weidenkörbe flechten. Weiden wachsen genug in den Bergen um Caniçal und die Touristen kaufen gerne Andenken. Außerdem gibt es Fische. Carlos fährt manchmal mit zum Thunfischfang. Er ist dabei sehr flink. Nein, überlegt Manuel, verhungern muss niemand in Caniçal.

Er ist ganz ruhig, während ihm diese Gedanken durch den Kopf gehen. Man darf vieles nicht wörtlich nehmen. Was hat Petra von den Schwertwalen erzählt, die gar keine Killer sind? Na, und Großvaters Angeberei mit seinem Wetterbein und er selber hat es doch genauso gemacht bei Tonio und Chico.

Manuel schiebt den Teller zurück. Er geht nun auch zur Walfangstation, obwohl er nicht genau weiß, warum. Aber er kann jetzt nicht so tun, als gingen ihn die Wale nichts an.

Neben der Trankocherei ist Gedrängel. Doch diesmal ist kein Bus mit Schaulustigen angekommen, noch nicht. Die Riesen müssen erst getötet werden. Mutter steht neben der Nachbarin und einigen andern Walfängerfrauen. Sie wollen sich überzeugen, dass alles wie immer ist. Chico ist mit seinem Vater gekommen, außerdem sind noch zwei Arbeiter da, die manchmal beim Flensen helfen, dann Großvater und viele andere. Das Dorf läuft zusammen.

Ein Fangboot mit Harpune und Lanze liegt schon im Wasser. Die Männer steigen ein und fahren los.

Der Comandante kommt aus dem Bootsschuppen. Er hält das fiepende Sprechfunkgerät in der Hand. »Das ist alles für heute«, sagt er. »Es ist nur ein Wal. Er schwimmt schnell. Ich muss mich beeilen um ihm den Weg abzuschneiden.«

Er will die Felsentreppe hinunter, aber ein Harpunier, der zwei Stufen tiefer steht, lässt ihn nicht durch.

»Da kann man nichts machen«, sagt der Mann so laut, dass jeder ihn hören kann. »Wenn nur ein Wal bläst, hat auch nur ein Boot Arbeit. Das wissen wir. Aber du verschweigst uns etwas.« Er zeigt auf die Leute, die näher kommen. »Wir wollen wissen, wie es weitergeht.«

»Ihr braucht euch nicht zu beunruhigen«, sagt der Comandante.

»So? Brauchen wir nicht?«, fragt Chicos Vater und es klingt drohend.

»Nein! Wir reden später darüber, wenn alles geklärt ist. Lass mich vorbei!«

»Wir reden jetzt«, sagt der Harpunier. Er weicht nicht von der Stelle.

»Was soll das?« Der Comandante wird ärgerlich. »Geht nach Hause, Leute. Da draußen schwimmt ein Wal. Wollt ihr, dass ich den entkommen lasse?«

»Du sollst uns nur sagen, ob der Walfang eingestellt wird«, ruft Großvater.

»Was steht in dem Brief aus der Hauptstadt?«, will Chicos Vater wissen. »Hat die Fremde etwas damit zu tun?«

»Warum haben wir keine moderne Fangflotte? Die Regierung muss uns mit Geld unterstützen!«

Sie reden alle gleichzeitig. Der Comandante ist wütend, weil er noch immer aufgehalten wird. Chicos Vater drängelt sich vor. Mit ausgestrecktem Arm zeigt er auf den Weg, der vom Dorf zur Walfangstation führt. Sein Gesicht läuft rot an. »Der steckt dahinter!«

Den steinigen Pfad herauf kommt Luis-Alberto. Das Geschrei bricht ab. Etwas Feindliches liegt in der Luft. So kommt es Manuel jedenfalls vor. Alle starren auf den alten Mann. Ich würde abhauen, denkt Manuel. Damals, als dieser fremde Hund am Hafen aufgetaucht ist, der zwei Lämmer gerissen hatte, da war es auch so wie jetzt. Keiner hat geredet. Der Hund ist stehen geblieben und hat den Schwanz eingezogen.

Luis-Alberto geht auf die Leute zu. »Ja, es stimmt. Der Walfang muss eingestellt werden«, sagt er ruhig.

Nach dem Hund haben sie Steine geworfen. Er ist um sein Leben gerannt, in die Berge, und nicht wiedergekommen.

Luis-Alberto kann nicht rennen. Seine Beine sind schwach, aber sonst ist er stark und mutig. Er sieht den Leuten ins Gesicht. »Die Wale sterben aus. Deshalb sind sie weltweit unter Naturschutz gestellt worden. Das gilt auch für Madeira.«

»Hab ich's euch nicht gesagt?«, schreit Chicos Vater

und alle geben ihm Recht. Vor dem lärmenden Durcheinander flüchten die Möwen von den Klippen.

»Nun rede endlich!«, fordert der Harpunier, der noch immer die Treppe blockiert. »Ist das wahr? Steht das in dem Brief, der heute gekommen ist?«

»Ja, es ist wahr«, sagt der Comandante und betont jede Silbe. »Der Brief kam vom Präsidenten unserer Insel. Er hat bestätigt, dass die meisten Walarten nach dem *Washingtoner Artenschutz-Übereinkommen* nicht mehr harpuniert werden dürfen, da sie vom Aussterben bedroht sind.«

»Bleib mir vom Leib mit internationalen Verträgen! Davon werde ich nicht satt«, protestiert der Steuermann aus Vaters Boot. »Was geht das uns an, hier in Caniçal?«

»Nichts! Gar nichts! Überhaupt nichts. Wir wollen unsere Arbeit behalten!« Die Männer schreien ihre Empörung hinaus.

»Du willst doch jetzt noch einen erlegen, oder etwa nicht?«, fragt der Harpunier.

»Ja, mach endlich Platz.«

Der Mann gehorcht sofort. »Wenn das so ist...« Er grinst über das ganze Gesicht. »Verstehe!« Er lässt den Comandante vorbei. Der eilt die Treppe hinunter und steigt in das Ruderboot, das ihn zur *Vedetta* bringt.

»Wenn du mal wieder nach Machico willst, dann nimm gefälligst den Bus«, sagt Chicos Vater zu Luis-Alberto. »In meinem Wagen ist kein Platz für Leute wie dich.«

Die andern lachen. »Der alte Spinner kann uns doch nicht die Arbeit verbieten. Solange hier Wale blasen, werden sie erlegt. Naturschutz hin oder her.« Der Harpunier fühlt sich ganz groß. »Kommt, Leute, darauf trinken wir ein Glas.«

Chico wendet sich grinsend an Manuel. »So einem hast du das Boot geputzt. Der nutzt dich doch nur aus. Merkst du das denn gar nicht?«, fragt er. »Los, komm mit zum Hafen. Ich zahle dir 'ne Cola.«

Manuel schluckt. Der Hund hat den Schwanz eingekniffen – damals. Manuel schluckt noch einmal. Dann guckt er Chico an, ganz langsam von unten herauf. »Trink deine Cola alleine«, sagt er, »ich bleibe bei Luis-Alberto.«

Chico macht ein ganz doofes Gesicht. »He?« Mehr fällt ihm dazu nicht ein. Er geht hinter den andern her, die schon zum Dorf zurückkehren und noch immer lachen.

Vater lacht auch, aber nur leise in sich hinein. »Ich habe gehört, was du gesagt hast.«

»Das musste sein«, antwortet Manuel. »Weißt du, der Chico ist viel größer als ich, aber auf ein paar Zentimeter kommt es nicht an. Und Freundschaft, das ist etwas ganz anderes.«

Vater nickt. Er hat Manuel verstanden.

9. Kapitel

Delphin-Alarm auf der Nachbarinsel. Ein Beamter kommt und Manuel erfindet den Vaterfeierdonnerstag

Irgendetwas ist jetzt leichter geworden und auch wieder nicht. Manuel hat sich entschieden. Jeder im Dorf weiß, wofür. Sollen sie doch über ihn reden, was sie wollen. Und Großvater? Der kann auch nicht ewig die beleidigte Leberwurst spielen und so tun, als ob Manuel Luft sei.

Die Sache mit Tonio und Chico ist aus. Die beiden sind nie seine Freunde gewesen. Aushorchen wollten sie ihn, weiter nichts. Manuel hat das die ganze Zeit gewusst. Ehrlich, er hat freiwillig getratscht und noch ein bisschen dazu geschwindelt. Zuerst kam er sich noch wie ein Mordskerl dabei vor. Das ist jetzt vorbei. Endgültig! Die Wale sind ihm wichtiger als Tonio und Chico. Von Tag zu Tag fühlt er mehr, dass etwas ganz Wunderbares geschehen ist. Er lebt, weil Delphine ihn beschützt haben.

In der Schule berichtet Manuel von den Jojobanüssen. Die andern in seiner Klasse tuscheln oder gucken zu ihm rüber und der Lehrer meint: »Mag schon sein, aber das hat nichts mit dem Thema des Unterrichts zu tun.«

Da wird Manuel wütend und legt erst richtig los. »Seit sechzig Millionen Jahren wandern Wale durch die Meere, hat Baleia-Petra gesagt. Sechzig Millionen Jahre! Das muss man sich mal vorstellen. Und jetzt werden sie ausgerottet für Schmieröl und Hormonpillen, für Lippenstifte und andern Firlefanz. Aber selbst dafür brauchen die Fabriken den Tran eigentlich gar nicht mehr. In vielen

Ländern verwendet man längst Ersatzmittel, weil es nämlich gar nicht mehr genug Wale gibt.«

Als das raus ist, fühlt Manuel sich erleichtert und er kommt sich richtig mutig vor. Aber gleichzeitig hält er die Luft an. Er macht sich auf eine saftige Strafarbeit gefasst. Einfach seine Meinung herauszuposaunen ist nicht erlaubt. Der Lehrer schaut ihn jedoch nur überrascht an. Er brüllt nicht einmal los. Alle in der Klasse wundern sich.

Neulich ist aus dem Fang nichts geworden. Die *Vedetta* konnte den Wal zwar noch einholen, aber es war ein Finn, der dort allein und ziemlich schnell vorüberschwamm. Die Männer aus Caniçal mussten ihn ziehen lassen. Er hätte ihnen nur Arbeit, aber keinen Gewinn gebracht. Bei ihren veralteten Fangmethoden wäre der tote Leib auf den Meeresgrund gesunken und selbst das bullige Walfang-Mutterschiff hätte ihn nicht wieder an die Oberfläche zerren können.

Carlos hatte gleich wieder die große Klappe. »Harpunenkanonen müssen endlich her! Mit Sprengköpfen und Luftdruckkapseln. Die Japaner blasen einen Finn mit einem einzigen Schuss auf wie einen Wasserball. Bloß wir müssen uns so einen fetten Brocken entgehen lassen.«

Großvater war derselben Meinung. »Ein ausgewachsener Finnwalbulle kann siebzig bis achtzig Tonnen wiegen. Rechnet euch mal aus, wie viel Geld da ungenutzt im Ozean schwimmt.«

Manuel aber hat sich gefreut. Er wäre am liebsten durch die Küche gehopst. Doch weil Großvater schon seit Tagen so komisch ist, hat Manuel nur unterm Tisch ganz wild mit den Zehen gewackelt und beiläufig gemurmelt: »Ich bin froh, dass der Finn entkommen ist. Von denen gibt es nämlich hier nur noch ganz wenige.«

»Hör bloß auf! Was verstehst du davon!« Mutter ist

ärgerlich aufgesprungen und wollte richtig loslegen, doch da hat Vater Manuel unterstützt.

»Das stimmt. Und die Wahrheit wird man ja wohl noch sagen dürfen.«

Ausgerechnet Vater, der nie viel redet. Das hat gewirkt. Mutter war sprachlos und Carlos machte den Mund auf und wieder zu, ohne dass was herauskam. Da musste Manuel noch einmal unterm Tisch ganz wild mit den Zehen wackeln. – Die Wahrheit wird man wohl noch sagen dürfen.

Aber was ist nun eigentlich die Wahrheit? Jeder in Caniçal behauptet etwas anderes.

»Es gibt genug Wale, die kann man gar nicht alle fangen«, sagt Großvater mit sturer Überzeugung.

»Die sind schon fast ausgerottet«, hält Baleia-Petra entgegen.

»Wir kriegen eine neue Flotte, verlasst euch drauf.« Das ist die Meinung von Carlos. »Vielleicht nicht das neueste Modell, aber wenigstens eine, mit der wir bis Porto Santo kommen.«

Der Steuermann aus Vaters Boot winkt nur müde ab. »Hier ändert sich nichts. Solange ich die Finger noch biegen kann, fahre ich mit der alten Schaluppe raus und nach mir macht es eben ein anderer.«

Luis-Alberto beharrt darauf: »Der Walfang wird eingestellt.«

Keiner kennt sich mehr aus. Bei dem Wirt am Hafen werden Wetten abgeschlossen. Bei demselben Wirt hängt schließlich eine Ankündigung des Comandante an der Tür. Am kommenden Donnerstag um elf Uhr sollen sich alle Walfänger und Arbeiter an der Fangstation einfinden. Ein Beamter für Umweltfragen wird anwesend sein.

Eine Ankündigung und ein Beamter! Das kann nichts Gutes bedeuten. Darin sind sich alle einig.

»Donnerstag, der dreizehnte! Das ist fast so schlimm wie Freitag, der dreizehnte«, jammert Mutter. »Oh, meine Ahnungen! Der Walfang wird eingestellt, ich weiß es. Was soll nur aus uns werden? Manuel wird nie einen anständigen Beruf bekommen. Und was soll aus Carlos werden? Hab ich nicht immer gesagt, die Fremde bringt Unglück! Na bitte!«

»Erst ein offizieller Brief und jetzt ein Beamter. Alles klar?« Chicos Vater verzieht bedeutungsvoll das Gesicht.

Nichts ist klar. Aber Donnerstag, der dreizehnte, scheint es wirklich in sich zu haben. Dabei geht die Sonne so strahlend auf wie an den Tagen vorher. In der Natur kündigt sich kein Unheil an. Überall auf Madeira blühen Blumen. Bald ist Ostern. Ferienzeit, nicht nur für Manuel. Viele Gäste sind vom Festland auf die Frühlingsinsel gekommen. Die Fischer fahren noch bei Dunkelheit aufs Meer hinaus. Chicos Vater bringt den frischen Fang in die Hotels nach Machico.

An diesem lieblichen Frühlingstag ist ein Fischer schneller zurück als alle andern. Er macht das beste Geschäft. »Glück muss der Mensch haben«, sagt er statt einer Erklärung und zieht die Schirmmütze tief ins Gesicht. Er packt den Fang in Kisten für den Abtransport nach Machico.

Da kommt der Comandante die Straße zum Hafen herunter.

Wie der mit den Hacken aufs Pflaster knallt und wie der das Kinn vorreckt, das kann nur Ärger bedeuten. Der Fischer zieht die Mütze noch tiefer ins Gesicht.

»Du hast mit Dynamit gefangen!«, donnert der Comandante los. »Das ist verboten. Du weißt genau, dass dabei auch die Brut und viele Kleintiere kaputtgehen. Ausgerechnet heute, wo ein Beamter vom Umweltamt nach Caniçal kommt, schmeißt du 'ne Sprengladung ins Meer.«

Der Fischer blinzelt nervös nach rechts und links. »Schrei doch nicht so. Das hat keiner gemerkt. Bestimmt nicht«, sagt er kleinlaut. »Woher weißt du das überhaupt?«

»Ich habe einen Anruf bekommen. Vor Porto Santo sind Delphine gestrandet.«

Der Fischer versteht nicht. »Was geht das mich an? Ich habe nur kleine Küstenfische gefangen.«

»Mit Dynamit, du Esel! Der Krach von der Unterwasserexplosion ist für die geräuschempfindlichen Delphine noch in großer Entfernung zu spüren. Sie sind in Panik geraten und haben sich auf den Strand von Porto Santo gestürzt. Da liegen sie nun in der Sonne und krepieren.«

Der Fischer stellt sich dumm. »Was regst du dich darüber auf? Rutsch eben mit der *Vedetta* rüber und stich sie ab. Bringt nicht viel Tran, ich weiß, aber Kleinvieh macht auch Mist. Wo es doch mit den Großen so schlecht steht...«

»Dynamitfischen ist verboten«, grollt der Comandante gefährlich leise. »Ist dir denn nicht klar, was du damit zerstörst? In wenigen Jahren sieht es mit den Fischen genauso trostlos aus wie mit den Walen. Dann hast du keine Arbeit mehr. Muss denn alles immer gleich ausgerottet werden? – Wir sprechen uns noch, verlass dich drauf.«

Der Comandante dreht sich um und stampft die Straße wieder hinauf.

Kurze Zeit später verlässt die *Vedetta* den Hafen. An Bord sind außer dem Comandante noch Baleia-Petra, Luis-Alberto, Manuel und sein Vater. Es ist kurz vor neun. In zwei Stunden kommt der Beamte.

Vor Aufregung hat Manuel Schluckauf bekommen.
»Sind das – hick – meine Delphine?«, fragt er Luis-Alberto.
»Weiß nicht.«

»Sind es Große Tümmler?«, fragt er den Comandante.
»Weiß nicht.«

»Wie viele?« Er sieht Petra an und zählt ihr an den Fingern vor: eins, zwei, drei …

Sie zuckt mit den Schultern. Es ist zum Verrücktwerden. Keiner weiß etwas.

Eine Viertelstunde ist es gerade her, da stand der Comandante vor der Haustür. Ohne jede Erklärung kam er zur Sache. »Vor Porto Santo sind Delphine gestrandet. Ich brauche Manuel.«

Mutter ist rückwärts in die Küche ausgewichen. Sie sah aus, als wären die Ahnungen gleich bündelweise über sie gekommen.

»Vielleicht brauchst du mich auch?«, fragte Vater.

Der Comandante hat stumm genickt und Vater die Hand gegeben. Das machen die Leute in Caniçal sonst nicht und deshalb hat Manuel Schluckauf gekriegt.

Die *Vedetta* zieht ganz anders durchs Wasser als Luis-Albertos kleines Boot und doch kommt Manuel die Fahrt unerträglich lang vor. Das sind bestimmt meine Delphine, denkt er immer wieder. So viele gibt es hier doch gar nicht. Er hat oft auf den Klippen gestanden und das Meer abgesucht. Er wollte die Großen Tümmler wieder sehen. Aber nicht so! Donnerstag, der dreizehnte, pfui Teufel!

Manuel schaut zu Vater. Keine Regung unter der speckigen Walfängermütze. Schneckenhaus fällt ihm dazu ein und er muss ein bisschen grinsen. Dass Vater mitgekommen ist, einfach so, das macht diesen grässlichen Donnerstag gleichzeitig zu einem ganz besonderen Tag, einem Feiertag. Wie Weihnachten? Nein, ganz anders, eher eine

Art Vatertag. Ein Vaterfeiertag. Den gibt es zwar nicht, denkt Manuel, aber das ist mir egal. Dann erfinde ich eben den Vaterfeierdonnerstag. Und diese Erfindung hat etwas Tröstliches und Ermutigendes für Manuel.

Es sind sechs Große Tümmler, vier ausgewachsene Tiere und zwei Junge. Sie liegen dicht beieinander auf dem Sand. Neugierige stehen herum. Sogar ein Polizist ist dort. Er scheucht die Leute auseinander, legt die Hand an die Mütze und begrüßt den Comandante. Wortreich berichtet er, dass sechs Delphine gestrandet sind. Als ob das nicht jeder selber sehen könnte!

Manuel kniet neben einem Tier nieder. Er legt ihm den Arm um den Nacken. »Vielleicht ist das mein Retter«, sagt er zögernd. »Die Größe stimmt und so sah er auch aus. Aber dieser fühlt sich anders an, gar nicht wie ein Gummistiefel. Die Haut ist stumpf.«

Die Delphine rühren sich nicht. Sie wirken matt wie große Fische, die am Ersticken sind.

»Sie müssen sofort mit Wasser übergossen werden«, ordnet Petra an. »Sonst bekommen sie Sonnenbrand.«

»Richtigen Sonnenbrand, wie Menschen?«, will Manuel wissen.

»Bei Walen ist Sonnenbrand viel gefährlicher. Die Haut entzündet sich und blättert ab. Das ist tödlich.«

Manuel reißt einem Mädchen den Sandeimer aus der Hand und läuft damit ins seichte Wasser. Eine Frau kippt ihre Badetasche aus und hat auch noch eine Plastiktüte übrig. Ein anderer Zuschauer hilft mit einer Flasche und das Mädchen weiß, wo eine leere Dose liegt. Das Wasser platscht nur so auf die Tiere herab, aber sie rühren sich immer noch nicht.

Die Delphine sind nicht besonders weit auf den Strand gesprungen. Einer hängt noch mit der Fluke im Wasser.

Manuel wirft den Sandeimer weg und buddelt mit den Händen eine Mulde um den Delphin herum, in der sich sofort Wasser sammelt.

Petra gibt mit Luis-Albertos Hilfe Anweisungen: »Alle Tiere müssen gleichzeitig ins Meer zurück«, sagt sie, »sonst werfen sie sich erneut auf den Strand um den Gefährten, die dort noch liegen, beizustehen. Am besten fassen wir an den Fluken an und ziehen kräftig.«

Petra und der Comandante machen es vor. Sie zerren mit aller Kraft, aber sie schaffen es nur ein kleines Stück weit. Ein ausgewachsener Tümmler wiegt ungefähr drei Zentner.

Manuel ist entsetzt. »Ihr reißt ihm den Schwanz ab«, schreit er. »Wir müssen sie tragen. So!« Er schiebt die Arme unter den Bauch des Tümmlers, dem er das Wasserbett gebuddelt hat.

Petra hält ihn an den Schultern zurück. Sie schüttelt heftig den Kopf und zeigt auf die Fluke. »Es geht nicht anders.«

Manuel möchte am liebsten heulen. Er schaut zum Comandante. Der gibt doch sonst die Anweisungen.

»Ist schon richtig«, bestätigt der Comandante. »An der Fluke ist ein fester Muskelstrang, der reißt nicht ab. Du hast doch gesehen, wie wir tote Pottwale an den Fluken zur Walfangstation hochschleppen.«

»Aber die Delphine sind nicht tot. Der Sand scheuert ihnen den Bauch wund. Können wir nicht wenigstens versuchen sie anzuheben? Vielleicht schaffen wir es.«

»Auf keinen Fall«, wehrt Petra ab. »Du würdest sie umbringen. Normalerweise trägt das Wasser die schweren Tiere. Bei einer Strandung aber erdrücken sich Wale oft mit ihrem eigenen Gewicht und ersticken dabei. Wenn wir sie tragen, wird der Druck noch größer. Nur wenn wir schnell und vorsichtig sind, können wir ihnen vielleicht helfen. Auch diese Tiere zeigen schon deutlich Luftmangel.«

Luis-Alberto übersetzt. »Mach, was sie sagt«, fügt er hinzu. »Sie versteht etwas davon. Komm, Junge, fass an.«

Freiwillige Helfer gibt es genug. Vater und ein braun gebrannter Urlauber nehmen sich den größten der sechs vor, der auch noch am weitesten vom Wasser entfernt liegt. Wahrscheinlich ist er das Leittier dieser Delphinschule. Luis-Alberto mit Manuel und Petra mit dem Comandante fassen die Jungtiere an den Fluken. Für die übrigen Tümmler finden sich ebenfalls Helfer.

Der Comandante ruft etwas, das sich wie »hau ruck« anhört. Alle Tümmler werden ins flache Wasser gezogen. Schwimmen können sie noch nicht. Zwei liegen still, die andern werden unruhig. Sie wedeln zaghaft mit den Flippern und stupsen den Kopf in den nassen Sand. Einer quietscht schrill.

»Nun kommt der kritische Augenblick«, übersetzt Luis-Alberto Petras Worte. »Wir müssen noch einmal kräftig ziehen, dann liegen die Tümmler bereits so tief im Wasser, dass sie sich allein fortbewegen können. Hoffentlich schwimmen sie ins Meer hinaus. Wenn sie sich erneut auf den Strand stürzen«, Petra macht eine hilflose Geste, »dann weiß ich nicht weiter.«

»Ganz einfach«, sagt der Comandante. »Wir bauen eine Lärmbarrikade. Wenn die Tümmler nicht gleich wie die Wilden abziehen, müssen wir alle mit der flachen Hand aufs Wasser klatschen.« Er macht es vor und eines der Jungtiere wirbelt heftig mit den Flippern.

»Das ist furchtbar«, stöhnt Manuel. Er schöpft Wasser über den aufgeregten kleinen Delphin. »Schwimm gleich los, so schnell du kannst«, flüstert er beschwörend.

104

»Komm, Junge, fass an«, sagt Luis-Alberto wieder. »Gut zureden hilft nicht.«

Die Leute haben verstanden, worauf es ankommt. Einige haben eine Badehose an, andere ziehen schnell Schuhe und Strümpfe aus. Sie wollen den Tümmlern helfen. Nur der Polizist bleibt auf dem trockenen Sand stehen. Er trägt Uniform, er ist im Dienst. Da darf man sich nicht die Hosenbeine hochkrempeln.

»Fertig?«, ruft der Comandante. »Also los.«

Es ist jetzt keine große Anstrengung mehr die Tümmler zu ziehen. Das Wasser trägt die Tiere bereits. »Nicht zu früh loslassen«, schreit der Comandante. »Zieht sie so weit hinaus wie möglich.«

Das Leittier fängt an zu toben. Mit einem kurzen Schlag reißt es seine Fluke los. Das Wasser spritzt hoch. Vater versucht den Tümmler mit der Schulter fortzudrängen. Er stemmt sich gegen ihn und schreit ihn an. Dann schlägt er aufs Wasser. Der Tümmler wühlt auf der Stelle. Er taucht den Kopf unter, bäumt sich aber gleich wieder auf. Es ist ein Kampf der Unentschlossenheit. Das Tier weiß nicht, was es tun muss. Sein Instinkt ist gestört, es hat die Orientierung verloren.

Nicht weit neben ihm liegt ein anderer ausgewachsener Tümmler völlig teilnahmslos im Wasser. Er scheint abzuwarten. Manuels kleiner Delphin schwimmt zu ihm und steckt seinen Kopf unter dessen Bauch. Offensichtlich ist das die Mutter.

Der Comandante eilt Vater zu Hilfe. Die Leute klatschen und schreien. Der Polizist hat die Trillerpfeife im Mund. Trillerpfeife ist immer gut und vor allem laut. Plötzlich macht der tobende Tümmler einen Sprung und zieht so schnell er kann ins Meer davon.

Zwei andere Tümmler sind ebenfalls weiter geschwommen. Einer irrt hin und her, nur wenige Meter vor dem Strand. Mutter und Kind warten noch immer ab.

»Die müssen weg«, schreit der Comandante, »sonst kommt die ganze Bande zurück.«

Manuel steht verzweifelt neben den beiden Tümmlern. Das Wasser reicht ihm bis zum Kinn. Noch ein, zwei Schritte, dann muss er schwimmen. »Haut doch endlich ab!«, fleht er. Aber die beiden wollen nicht.

»Wir müssen uns nur um das Jungtier kümmern«, sagt Luis-Alberto. »Die Mutter folgt ihm überall hin.«

Hinter einer Klippe, die sich in einiger Entfernung ins Meer hineinschiebt, kommt ein Schlauchboot mit Außenbordmotor angeknattert. Die vielen Leute im seichten Wasser, die schreien und Krach schlagen, fallen weithin auf. Normalerweise liegen Badegäste friedlich in der Sonne, aber hier scheint sich ein Haufen Verrückter getroffen zu haben.

Der Comandante winkt mit gebieterischer Armbewegung und stößt einen schrillen Pfiff aus. Der Mann im Schlauchboot zögert. Wollen die da vorn was von ihm? Was soll das ganze Theater überhaupt? Doch der Wink ist unmissverständlich. Der Mann tuckert näher.

Für Fragen und Erklärungen ist jetzt keine Zeit. Der Comandante schwingt sich in das fremde Boot. »Dreh auf! Los, diese Richtung«, befiehlt er. »Ich erzähl dir unterwegs, wohin es geht.«

Mit voller Motorkraft preschen sie zum Hafen, wo die *Vedetta* angelegt hat. Der Comandante lässt mit wenigen Handgriffen das Rettungsboot von seinem Schiff zu Wasser und wirft ein Seil hinein. Dieses Rettungsboot, für Menschen gemacht, die in Seenot geraten sind, soll nun Delphinen zum Überleben verhelfen.

In wenigen Minuten ist der Comandante mit dem flachen Boot zurück. Er wirft Vater die Leine zu, deren eines Ende er schon am Rettungsboot befestigt hat.

Vater schlingt das Seil um die Fluke des kleinen Delphins und verknotet es. Genauso hat er es unzählige Male mit getöteten Walen gemacht.

»Was soll das?«, schreit Manuel. »Er lebt doch noch.«

»Fertig«, sagt Vater ruhig.

Das Rettungsboot zieht an, die Leine spannt sich und der kleine Delphin wird rückwärts ins Meer hinausgezogen.

Die Mutter beobachtet mit zunehmender Unruhe, was mit ihrem Kind geschieht. Ihre Sorge ist deutlich zu spüren, aber sie greift die Menschen nicht an, obwohl sie spitze Zähne hat, mit denen sie schwere Wunden reißen könnte. Sie nickt heftig mit dem Kopf, stößt krächzende Laute aus und springt dann mit einem verzweifelten Satz hinter dem Boot her.

Manuel wird umgerissen. Als er wieder hoch kommt und sich das Wasser aus den Augen reibt, ist das Boot schon etliche Meter entfernt. Die Leute haben aufgehört zu klatschen. Gespannt verfolgen sie, was nun geschieht.

Bald ist die Mutter nicht mehr allein. Die Gefährten aus der Delphinschule finden wieder zusammen. Sie folgen dem gefangenen Jungtier. Für ihr Verständnis ist es in höchster Gefahr. Ihr ausgeprägter Gruppensinn lässt es nicht zu, dass sie sich einzeln in Sicherheit bringen.

Die Walfänger kennen das. Immer wieder haben sie dieses Verhalten zu ihrem Vorteil ausgenutzt. Diesmal geschieht es zum Wohl der Tiere. Weit draußen im Meer gibt der Comandante dem kleinen Delphin die Freiheit zurück. Er wartet, bis sich die Schule entfernt. Dann bringt er das Rettungsboot zur *Vedetta* und kehrt am Strand entlang zu den andern zurück.

»Ich glaube, sie schaffen es«, sagt er und lacht. »Meistens haben solche Rettungsaktionen keinen Erfolg. Ich weiß nicht, woran das liegt. Eins ist jedenfalls sicher, ein guter Walfänger ist auch ein guter Walkenner.«

10. Kapitel

Luis-Alberto wird auf Händen getragen. Vater verliert seine Mütze und braucht sie nicht mehr

In der Hast des Aufbruchs hat keiner Kleider zum Wechseln mitgenommen.

Macht nichts, denkt Manuel. Er streckt sich im warmen Sand aus. Doch der Comandante scheucht ihn gleich wieder hoch.

»Keine Zeit, der Beamte wartet.«

Richtig, der Beamte. Den hat Manuel in der Aufregung ganz vergessen. Es ist heute schon so viel geschehen.

Der Comandante hat es jetzt eilig. Er winkt den Leuten am Strand zu. »Danke, ihr wart prima.« Dann blickt er Petra an und zeigt in Richtung Hafen, wo die *Vedetta* im tieferen Wasser liegt.

»Meine Mütze«, sagt Vater unvermittelt und fasst sich an den Kopf. »Ich hatte sie doch eben noch auf.«

Manuel schaut sich suchend am Strand um. Da liegt Vaters Mütze nicht. Auch im flachen Wasser ist sie nirgends zu sehen und weiter draußen kann man nichts mehr erkennen.

»Der alte Deckel? Den hat dir bestimmt der Tümmler vom Kopf gerissen«, vermutet der Comandante. »Nun hast du einen guten Grund dir einen neuen zu kaufen.«

Aber davon will Vater nichts wissen. »Das verstehst du nicht«, erwiderte er. »Es war ein oller Deckel, ja, aber ich habe ihn immer beim Walfang aufgesetzt. Harpune und Mütze, das gehört bei mir zusammen.«

Manuel äfft Mutter nach: »Donnerstag, der dreizehnte, und nun auch noch die Mütze weg. Oh, meine Ahnungen!«

Der Comandante bricht in sein polterndes Lachen aus und sogar Vater hat ein verräterisches Zucken in den Mundwinkeln.

Sie machen sich auf den Weg zur *Vedetta*. Weil sie ein wenig frieren in ihren nassen Kleidern, gehen sie rasch. Doch schon bald merken sie, dass Luis-Alberto nicht Schritt halten kann.

Der Comandante wartet. »Was ist mit dir, Lu?«, ruft er zurück.

Der alte Mann schlurft noch langsamer als sonst. Sein Rücken ist gebeugt und sein Gesicht wirkt grau. Manuel rennt zu ihm. »Du ... du bist doch nicht krank?«

Luis-Alberto bleibt stehen und lässt den Kopf hängen wie ein müdes altes Pferd. Er sagt nichts, stöhnt nicht, steht einfach nur da.

»Der Beamte soll warten oder abfahren«, entscheidet der Comandante. »Lu ist mir wichtiger.« Er hilft ihm sich in den Sand zu setzen.

Es sind noch keine zehn Minuten vergangen, da wollte Manuel nichts anderes als am Strand liegen. Jetzt ist ihm die Freude daran vergangen. Und als der Comandante ihn auffordert: »Lauf zur *Vedetta,* hol die Decke aus der Kajüte«, da rennt er los, als ginge es um sein Leben.

Als er zurückkommt, sitzen die andern neben dem alten Mann. Keiner sagt etwas. Petra nimmt ihm die Decke ab und legt sie Luis-Alberto um die Schultern.

Die Sonne scheint. Die Tümmler sind davongeschwommen. Eben noch war Manuel ganz glücklich. Und nun macht Luis-Alberto schlapp und das gute Gefühl ist wie weggeblasen.

Mit den Fingern malt Manuel Figuren in den Sand.

Eigentlich will er an gar nichts denken. Aber das geht nicht so einfach. Ausgerechnet Chico und Tonio kommen ihm in den Sinn, diese Maulhelden. Weil sie groß und kräftig sind und sich immer aufspielen, wollte er sie als Freunde haben. Er hat die beiden bewundert, bis ihm klar wurde, dass ihre große Klappe überhaupt nichts mit Stärke zu tun hat.

Luis-Alberto ist stark, obwohl er kaum noch laufen kann, ebenso Petra, die allein durch die Welt fährt und für das Überleben der Wale kämpft. Luis-Alberto und Petra sind seine Freunde, auch wenn sie viel älter sind als er. Mit ihnen zusammen ist er auch mutig geworden.

»Na, ihr Trauerklöße«, brummt Luis-Alberto und blinzelt in die Sonne.

»Geht es dir wieder besser?«, fragt Manuel erleichtert.

»Wenn ich an unsere Delphinaktion denke, geht es mir sogar prima. Nur die Beine wollen nicht mehr, lassen mich einfach im Stich.«

»Wir können dich tragen«, schlägt Manuel vor.

»Gute Idee! Ich hätte gern einen Thronsessel aus rotem Plüsch mit Bommeln an der Lehne.«

»Lu, mich kannst du nicht täuschen«, sagt der Comandante. »Du bleibst ruhig sitzen. Wir haben Zeit.«

»Haben wir nicht«, widerspricht Luis-Alberto. »Ich will zurück nach Caniçal.«

»Der Beamte ist unwichtig.«

»Der Beamte ist sehr wichtig.«

Der Comandante schüttelt lachend den Kopf.

»Nichts zu machen, Lu. Du ruhst dich noch eine Weile aus und dann sehen wir weiter.«

Luis-Alberto schließt die Augen. Das Sprechen strengt ihn an. Trotzdem fährt er leise fort: »Es sind genau vierzig Jahre her – erinnerst du dich? Da sind wir beide mit nichts als einem schweren Ruderboot von den Azoren aufgebrochen um vor Madeira Wale zu jagen. Ich hatte nur noch eine Hand, aber eine Menge Erfahrungen. Du hattest zwei starke Arme und nichts als Flausen im Kopf.«

»Lu, lass die alten Geschichten jetzt«, unterbricht ihn der Comandante. »Ich habe das nicht vergessen. Wir setzen uns zusammen und plaudern, wenn es dir wieder besser geht.«

Der alte Mann schüttelt den Kopf. »Es geht mir nicht um die Erinnerung. Wir haben es zusammen begonnen und ich will, dass wir es zusammen beenden. Heute.«

Der Comandante holt tief Luft und ringt die Hände. »Zum Teufel noch mal! Du bist und bleibst ein unverbesserlicher Dickschädel. – Also gut«, willigt er schließlich ein und hält Vater auffordernd die Hände hin.

Vater und der Comandante fassen sich über Kreuz an den Handgelenken, so dass ein Sitz entsteht. Luis-Alberto setzt sich darauf. Seinen Armstumpf legt er auf Vaters Schulter, mit der Hand hält er sich an dem Comandante fest. So tragen sie ihn auf die *Vedetta.*

Mit voller Maschinenkraft fährt das Schnellboot nach Madeira zurück. Die Glocke der Kirche beginnt gerade mit dem Mittagsläuten. An der Hafenmauer drängeln sich die Dorfbewohner. Nur ein Mann steht ein wenig abseits. Er ist mit einem hellen Anzug bekleidet, trägt einen Schlips und eine Aktentasche. So sieht niemand aus, der in Caniçal wohnt.

Als die vier von Bord der *Vedetta* gehen, sagt keiner ein Wort. Dieses Schweigen und das blöde Gebimmel, dazu noch ein Mann im Anzug, es ist zum Verrücktwerden, denkt Manuel.

Neben dem Comandante geht Luis-Alberto. Er hat es so gewollt. Seinem Gesicht ist nicht anzusehen, wie viel Kraft er dazu braucht. Manuel hält sich dicht hinter ihm. Er ist stolz auf Luis-Alberto und das darf ruhig jeder sehen.

Der Comandante geht auf den Mann im Anzug zu. Es ist der erwartete Beamte. Er begrüßt ihn in seiner überschwänglichen Art und berichtet sogleich von der Rettungsaktion bei Porto Santo.

Der Fremde hört überrascht zu. »Ein guter Anfang«, lobt er, »durchaus ein guter Anfang.«

Dann machen sie sich gemeinsam auf den Weg zur Walfangstation. Die Leute, die am Anleger gewartet haben, folgen in einigem Abstand. Einer hat seine Lanze mitgebracht. Er geht vor den andern her. Es ist wie eine Demonstration. So etwas hat es in Caniçal noch nie gegeben.

In der Lagerhalle neben der Trankocherei sind Fässer, Seilwinden, Kanister und anderes Arbeitsgerät zur Seite geräumt worden. In der Mitte steht ein länglicher Holztisch, dahinter vier Stühle. Der Trangestank ist erträglich. Trotzdem wedelt der Beamte mit einem Taschentuch. Büromief ist dagegen harmlos.

Der Comandante, Luis-Alberto, Petra und der Gast setzen sich. Die Walfänger stehen um sie herum, wo gerade Platz ist. Die Tür der Halle ist weit geöffnet. Draußen drängeln sich andere Dorfbewohner, die auch wissen wollen, was hier vorgeht.

»Es tut mir Leid, dass wir nicht pünktlich beginnen konnten«, sagt der Comandante. »Ihr wisst es bereits, wir haben Tümmler gerettet, die gestrandet waren.« Dann schüttelt er dem Beamten noch einmal die Hand um ihm vor allen Leuten dafür zu danken, dass er so lange gewartet hat. Es wirkt ziemlich umständlich und steif.

»Fang endlich an«, ruft einer der Umstehenden.

»Vor vierzig Jahren haben mein Partner«, er zeigt auf Luis-Alberto, »und ich hier mit dem Walfang begonnen.

Ihr habt bei diesem Unternehmen mitgearbeitet. Gemeinsam konnten wir genau 5885 Wale erlegen. Heute haben wir sechs Delphine vor dem Tod gerettet. Damit ist unser Betrieb umgestellt worden.«

»Was soll das heißen?«, fragt jemand dazwischen.

»Das soll heißen, dass der Walfang vor Madeira ab heute eingestellt wird.«

Ein Gemurmel setzt ein, das schnell lauter wird.

»Lasst mich zu Ende reden.« Der Comandante steht auf.

»Die Vorsitzende der *Gesellschaft zum Schutz der Meeressäugetiere* aus Hamburg, die hier neben mir sitzt, hat sich dafür eingesetzt, dass in den Gewässern um Madeira ein Naturschutzgebiet entsteht. Damit soll sichergestellt werden, dass nicht andere Walfänger eindringen und dass auch Seevögel und Robben geschützt werden, die ebenfalls vom Aussterben bedroht sind.

Doch man kann nicht einfach eine Fläche zum Naturschutzgebiet erklären. Das muss die zuständige Regierung unterstützen und genehmigen. Deshalb haben wir heute einen Mitarbeiter des Präsidenten von Madeira eingeladen. Er kennt diesen Plan, seine Behörde hat ihn geprüft.«

Das Gemurmel der Leute wird lauter. Die Erregung ist kaum noch zu bändigen.

»Hört mich noch einen Augenblick an«, schreit der Comandante gegen das Stimmengewirr an. »Wenn die Regierung dem Plan für ein Naturschutzgebiet zustimmt, wird keiner von euch arbeitslos.«

»Wieso werden wir nicht arbeitslos? Das ist doch nur ein fauler Trick. Wir lassen uns nicht übers Ohr hauen. Dürfen wir in Zukunft nicht einmal mehr fischen?«

Der Tumult ist so groß, dass die Stimme des Comandante darin untergeht. Er setzt sich wieder und wartet ab.

Der Beamte blättert in einem Stapel Papieren. Dabei wedelt er nervös mit seinem Taschentuch.

Schließlich gelingt es Chicos Vater die Leute einigermaßen zu beruhigen. Er macht sich zu ihrem Wortführer. »Welche Arbeit gibt es denn für Walfänger, wenn keine Wale mehr gefangen werden?«, fragt er den Beamten.

Der zuckt bedauernd die Schultern. »Für Arbeitsbeschaffung bin ich nicht zuständig.«

»Aha!«, sagt Chicos Vater. »Genauso habe ich mir das vorgestellt.« Er geht näher an den Comandante heran. »Wir lassen uns nicht reinlegen mit schönen Worten. Was für Arbeit gibt es für uns und wer bezahlt?«

»Der *Internationale Tierschutz-Fonds*«, antwortet der Comandante. »Das ist eine Einrichtung, die bedrohte Tierarten vor dem Aussterben retten will. Petra als Stellvertreterin der *Gesellschaft zum Schutz der Meeressäugetiere* hat sich dafür eingesetzt, dass rund um Madeira eine Schutzzone für Wale entsteht. Wenn die Regierung diesem Plan zustimmt, brauchen wir Leute, die das Gebiet mit Booten kontrollieren, damit keine fremden Walfänger eindringen und niemand mit Dynamit fischt. Die vorbeiziehenden Wale müssen gezählt werden, ebenso die Robben auf den Desertas. Der Fischfang mit Angeln und Netzen ist weiterhin erlaubt.

Ferner ist vorgesehen ein Walfangmuseum zu eröffnen. Das lockt Feriengäste an. Dafür brauchen wir dann auch einige Walfänger – ehemalige Walfänger –, die den Leuten die ausgestellten Geräte erklären und mal ein paar wilde Geschichten von den rauen alten Zeiten zum Besten geben.« Der Comandante grinst viel sagend. »Und nebenbei könnt ihr Andenken verkaufen, Weidenkörbe oder Harpunen und Fangboote in Spielzeuggröße. Die meisten von euch sind gute Handwerker. Wenn es also gelingt diese Schutzzone für Wale zu schaffen, hat der *Internationale Tierschutz-Fonds* uns eine Starthilfe von zehn Millionen Escudos* zugesichert.«

Der Comandante lehnt sich auf seinen Stuhl zurück und wartet ab, was nun geschieht. Er kennt die Bewohner von Caniçal und weiß, dass sie in kleinen Beträgen rechnen, wenn es um Geld geht.

»Zehn Millionen?«, schreit Chicos Vater und seine Stimme überschlägt sich. »So viel Geld für Caniçal? Da werden wir alle reich.«

Wieder bricht ein Geschrei aus, dass keiner mehr sein eigenes Wort versteht. Da steckt Luis-Alberto zwei Finger in den Mund. Sein schriller Pfiff übertönt alles. Er hebt die Hand. »Das Geld ist nicht für Caniçal«, sagt er, »sondern zum Schutz der Wale und für Menschen, die für diesen Schutz arbeiten. Wir wissen aber noch gar nicht, ob ein Naturschutzgebiet von der Regierung bewilligt wird. Lasst nun endlich den Beamten zu Wort kommen. Er hat lange genug gewartet.«

Die Stille, die jetzt folgt, ist überwältigend. Das Misstrauen der Leute ist verflogen. Zehn Millionen, das wirkt wie ein Zauberwort.

Der Beamte räuspert sich. »Wir haben diesen Plan eingehend geprüft«, beginnt er. »Das betreffende Gebiet umfasst etwa 200 000 Quadratkilometer See. Mit der Erschaffung eines Nationalparks für Meeressäugetiere rund um die Insel Madeira wären wir vorbildlich für den Umweltschutz in der ganzen Welt. Allerdings müssen dabei einige Bedingungen erfüllt werden.«

Er wendet sich an den Comandante. »Sie sprachen vor-

---

* über 200 000 DM

hin von einer regelmäßigen Überwachung. Haben Sie dafür überhaupt Boote?«

»Wir haben ein Schnellboot und vier Schaluppen«, antwortet der Comandante.

»Und mein Motorboot«, ergänzt Luis-Alberto. »Zum Schutz der Wale stelle ich es zur Verfügung.«

»Ich denke, das reicht für den Anfang«, bestätigt der Beamte. »Und wie ist das mit der Erfahrung Ihrer Leute im Umweltschutz?«

»Bestens«, verspricht der Comandante. »Wir kennen uns aus mit der See und ihren Bewohnern. Und dass wir Wale nicht nur fangen, sondern auch retten können, haben wir eben erst bewiesen.«

Der Beamte nickt. Er ordnet die Papiere, die er vor sich ausgebreitet hat, legt sie sorgfältig zusammen und schiebt sie in seine Aktentasche zurück. »Von Seiten der Regierung gibt es dann keine Einwände gegen dieses Projekt. Allerdings sollte auch die betroffene Bevölkerung gefragt werden.«

Die betroffene Bevölkerung schreit und jubelt. »Das müssen wir feiern!« Die Leute laufen durcheinander. Vergessen sind die Anschuldigungen und das böse Gerede der vergangenen Wochen. Die Angst vor der drohenden Armut ist überstanden. Der Comandante ist der Chef in Caniçal. Das war schon immer so und daran ändert sich auch in Zukunft nichts.

Die Halle leert sich. Die Leute stehen oder sitzen im Freien. Sie holen Wein. Die Frauen und Kinder setzen sich dazu. Ein Kassettenrecorder dudelt.

Petra und der Comandante begleiten den Beamten zum Hafen, wo er sein Auto geparkt hat. Dann kehren sie zur Walfangstation zurück.

Der Harpunier, der noch vor kurzer Zeit den Comandante auf der Felsentreppe zur Rede gestellt hatte, kommt auf Petra zu. Mit südländischem Temperament fasst er sie bei der Hand und beginnt mit ihr zu tanzen. Beide lachen. Sie verstehen sich auch ohne Worte.

Luis-Alberto, der Dolmetscher, ist nicht in der Nähe. Er sitzt noch immer in der Lagerhalle und schaut durch die weit geöffnete Tür den Tänzern zu.

Manuel geht hinein und hockt sich vor ihn auf den Tisch. »Komm doch raus. Ich helfe dir. Du sollst nicht allein in dieser stinkenden Bude sitzen.«

Luis-Alberto winkt ab. »Lass mich noch ein bisschen meinen Erinnerungen nachhängen. So ein alter Spinner wie ich braucht das manchmal.«

Manuel druckst herum. »An dem Tag, als ich das erste Mal auf der *Vedetta* mitgefahren bin, da bist du an Land geblieben. ›Eine Frau beim Walfang bringt Unglück‹, hast du gesagt, weil Petra an Bord war.«

»Darüber habe ich auch gerade nachgedacht«, antwortet Luis-Alberto. »Dieser alte Walfängerspruch stimmt durchaus. Man muss ihn nur richtig deuten. Als Petra mit hinausfuhr, begann das Ende des Walfangs vor Madeira. Keiner hat das damals geahnt. Ende bedeutet für viele Menschen dasselbe wie Unglück. Du hast ja erlebt, was in unserm Dorf los war. Aber nun sieh dir das da draußen an. Nach jedem Ende folgt auch immer wieder ein Anfang.«

Der alte Mann zwinkert Manuel zu und alle Runzeln in seinem Gesicht geraten in Bewegung, wie so oft, wenn Luis-Alberto fröhlich ist. »Geh mal zu deinem Vater und bestell ihm etwas von mir.«

Manuel springt vom Tisch. »Ja, was denn?«

»Seine Walfängermütze, die braucht er gar nicht mehr.«

119

dtv junior

»Herzensgütig, seelenwärmend ... zum Lachen und zum Weinen ...«
DIE ZEIT

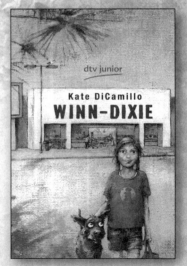

ISBN 978-3-423-**70771**-8 Ab 10

Dank des lächelnden Hundes
Winn-Dixie lernt Opal die skurrilsten und
liebenswertesten Menschen kennen.

www.dtvjunior.de